AF294842

Bibliografische Informationen der Deutschen Bibliothek:
Die Deutsche Bibliothek verzeichnet diese Publikation in der
Deutschen Nationalbibliografie. Detaillierte bibliografische Daten
sind im Internet über http://dnb.ddb.de abrufbar.

Herstellung und Verlag: Books on Demand GmbH, Norderstedt
Umschlaggestaltung: Cornelia Agel

ISBN 9783842329164

Erik v. Grawert-May

DIE HI-SOCIETY

Eine Andeutung

Warum, wenn wir uns mit Hi* begrüssen,
eine ganze Welt verlorengeht
und sich eine neue auftut

*

gesprochen: Hai

Zur Person:

Erik v. Grawert-May, Professor (em.) für Unternehmensethik u. -kultur an der Hochschule Lausitz (FH), lebt als Unternehmer in Berlin.

www.grawert-may.de

Inhalt

D.B.
18. 05. 1959–12. 09. 2009

1.

Hi

Nichts ahnend trat ich eines Morgens ins Büro einer mir gewogenen Mitarbeiterin. Ehe ich sie noch selbst begrüßen konnte, scholl mir ein „Hi" entgegen. Ich war schockiert. Für einen Moment blieb mir der Atem weg, und ich vergaß den Gegengruß – ein Unding, wenn man bedenkt, dass uns ein ausbleibendes „Guten Morgen" den ganzen Tag vergraulen kann. Bleibt es *nicht* aus, kann es ihn vergolden.

Als ich mich von dem Schock erholt hatte, beschloss ich, meine Mitarbeiterinnen dazu zu befragen. Daraus ist die Idee zu diesem kurzen Text entstanden. Die Umfrage war viel zu klein, um auch nur annähernd statistische Wahrscheinlichkeit beanspruchen zu können.[2] Trotzdem tue ich so, als dürfte ich verallgemeinernde Behauptungen aufstellen, die statistisch fundiert sind. Wo mir hingegen die Erfahrung fehlt, füllt eine Vision die Lücke aus. Ein Wunschgebilde. Der Untertitel „Eine Andeutung" soll den Skizzen-Charakter hervorheben. Er legt den essayistischen Ansatz nahe, nicht die empirisch gehaltvolle Systematik.

Die Vision: Das „Hi" löst *nicht* den Schock aus, der einem in die Glieder fährt, wenn man plötzlich einer neuen Sorte Menschen gegenübersteht – jener gedächtnislosen Spezies, die eine Gesellschaft ohne Vergangenheit bevölkert. Vielmehr ist es der für den zusammengerückten Globus passende Gruß – überall empfänglich, überall verständlich, überall die Unternehmungslust beflügelnd. Und frei von schmerzlichen Defiziten, die ihm gerade hierzulande anhaften (2). Wer „Hi" sagt, hat die alte Welt mit ihrer nationalen Befangenheit verlassen. Er öffnet sich einer neuen, in der er als Weltbürger agiert – ein

Zustand, aufs Innigste zu wünschen, wäre da nicht die Welt, aus der wir grade kommen, eine Welt, in der wir uns eben noch ganz heimisch fühlten. Sie gilt ab jetzt als etwas fast Verwünschtes und bleibt doch nach wie vor das verwunschene Eiland, auf das wir uns im Zweifelsfall zurückziehen. Nur für wie lange?

Die gängigen Vergleiche mit dem World Wide Web helfen auch hier weiter. Wer „Hi" sagt, ist online, ist global vernetzt. Wer es nicht tut, der fällt aus der Zeit und bezahlt es mit einer Isolierung sondergleichen. Er fällt aus der Welt von heute, als wäre er einer von gestern verhaftet, in die kein Weg zurückführt. Um nicht zu verelenden, gibt er wenige Wochen später auf.[3] Die Erde hat ihn wieder!

Die Hi-Society ist eine Global Society, so wieder die Vision. Es werden einige typische Szenarien dargestellt, die den globalen Status des ins „Hi" verliebten neuen Erdenbürgers untermauern sollen. Da treten weltläufige und doch zugleich unmögliche Gestalten auf, deren Aktionsradius längst den engen nationalen Rahmen überschritten hat. Kennzeichnend für sie: ein seltsamer Hang zur Hysterie, so als leiste das „Hi" diesem Hang einen gewissen Vorschub. Selbst zur Paranoia neigen sie. Dabei handelt es sich um ganz normale Leute. Nur, wenn sie in die Rolle des Kunden schlüpfen, scheinen sie die Lizenz zu pathischer Outriertheit zu besitzen (3).

Ein neuer Angestellten-Typ betritt danach die Szene. Er hat die Begrenztheit des lokalen Handelns längst erkannt und verhält sich unternehmerisch – wie ein „entrepreneur global" im Kleinen. Um die outrierte Kundschaft, für die er arbeitet, zufriedenzustellen, so wie es sich im „Kundenorientierten Kapitalismus" ziemt[4], muss er deren paranoide Psyche nicht nur kennenlernen, er muss sich ihr behutsam anempfehlen, um ihr „hi potential"[5] auszuschöpfen. Die Mitarbeiter der High-Tech-

Firma Intel leisten Erstaunliches darin. Die von Xerox folgen ihnen auf dem Fuße (4).

Intel und Xerox tritt das ebenso weltweit operierende Unternehmen Toyota an die Seite (5). Der japanische Koloss lehrt jenseits der Schlagzeilen, in die er geraten ist, seine gleichfalls global agierenden Konkurrenten die Demut. Und zwar durch eine konfuzianisch geprägte Ethik, die das westlich orientierte Erfolgsprinzip in gerissener Weise übertrumpft. Nur zum „Hi" will dieses japanische Szenario nicht passen. Zwar hört man es hin und wieder auch Japaner sagen. Wie viele es inzwischen sind, ist jedoch unklar. Typischer für sie ist etwas anderes: das ähnlich, wenn nicht identisch auszusprechende „Hai": kein Gruß, sondern ein bekräftigendes „Ja" – ein kryptokonfuzianisches Codewort, das, in Maßen, auch der Hi-Society gut anstünde. „Hi" und „Hai" verbänden sich harmonisch zu einem interkulturell verständlichen Willkommensgruß, die amerikanische Offenheit würde mit einer Note östlicher Ethik versehen – vielleicht zu schwer, um mehr zu sein als der Traum eines Psychologen.[6]

Der ethische Optativ erlaubt einen fliegenden Wechsel von den ökonomischeren zu den politischeren Szenarien. Beide ergänzen sich in der Global Society. Ab dem 6. Kapitel geht der Essay deshalb dazu über, normative Aspekte aus einem Buch zu reflektieren, das als Bestseller seit längerem in aller Munde ist: Helmut Schmidts außer Dienst gezogene „Bilanz". Sein altrömischer Anspruch, in erster Linie dem öffentlichen Wohl zu dienen („Salus publica suprema lex"), wird wörtlich genommen und kehrt sich zum Teil gegen ihn. Leser, die dem Altkanzler ergeben sind, dürften sich den daraus abgeleiteten Folgerungen wohl verweigern. Mir scheint indes, dass Schmidts politischer Ethik der letzte Schliff in weltbürgerlicher Absicht fehlt – kühne, allzu kühne Kritik an einem Mann, der nicht nur für Deutsche der Inbegriff eines Politikers von Welt ist?

Allerdings kommen auch die Kapitel 7 und 8 von Schmidt nicht los, weil er, zuletzt im Gespräch mit dem Historiker Fritz Stern, in souveräner Manier die Summe seines Lebens zieht. Und weil er einen sechsten Sinn für kommende politische Gefahren hat. Vielleicht verschanze ich mich hinter ihm, dem Warner vor künftigen Gefährdungen der Deutschen (7) und benutze ihn voreilig zur Illustration von politischen Fehlentwicklungen, die sich in so unterschiedlichen Figuren wie Eva Herman und Graf Stauffenberg kristallisieren (8). Noch in 6 versuche ich, eine Brücke von Schmidts leicht defizitärer Ethik zu Denkströmungen innerhalb der Politik der Vereinigten Staaten zu schlagen. Dies auch, um zum Ursprung des „Hi" zurückzukehren, dorthin, wo es anders gesprochen und verstanden wird als hier. Neben der schon genannten größeren Offenheit atmet es Freiheit[7], Geräumigkeit, Generosität, kurz alles, worauf das „Hi" fixiert sein sollte. Der nahezu selbstverständliche Weltbezug, der damit verbunden ist, schlägt oder schlug sich fast ebenso selbstverständlich in den global betriebenen demokratischen Missionen der Amerikaner nieder – für Europäer viel zu missionarisch, um nicht generell als Stein des Anstoßes empfunden zu werden. Dabei wäre es ein Test auf die Standfestigkeit der Demokratien des alten Kontinents, wenn sie im Export ihrer politischen Verfassung mit dem des neuen konkurrieren wollten.

Wenn der geneigte Leser das 8. Kapitel ohne Schaden überstanden hat, könnte ihm spätestens nach dem 9. die Lust an der Lektüre vergangen sein. Nicht nur wegen des absolut unzeitgemäßen Loblieds auf den Adel und seine historische Bedeutung, sondern auch, weil dem Beifall für die demokratische Mission aus den Kapiteln 6 und 7 nun zwar keine Warnung vor dem Missionsgedanken, wohl aber eine Mahnung zu äußerster Behutsamkeit folgt. Beides passt nur dann zusammen, wenn man

sich den ambivalenten Charakter der Demokratie vor Augen
hält: Es ist die beste und zugleich gefährlichste Staatsform, die
wir kennen. Ich borge einen Teil dieser Ansicht von Tocqueville,
jenem französischen Adligen, dessen Werk von beiden, von
Stern und Schmidt, geschätzt wird – von ersterem wegen seiner einfühlsamen Beschreibung historischer Prozesse, von letzterem wegen seiner prophetischen Weitsicht.[8] Er hat ein ganzes
Jahrhundert vorausgesehen: die kontinentale Auseinandersetzung zwischen Russland und Amerika. Einen solchen Denker
lässt man nicht beiseite. Zumal er einen Kernbegriff geprägt
hat, der ihn wiederum als Kenner des Künftigen ausweist, ein
Begriff, mit dem sich jeder demokratische Bürger vertraut machen sollte: „despotisme refoulé“. Der Despotismus ist ihm zufolge nur „verdrängt“, er kann jederzeit von neuem ausbrechen.
Gerade in einer Demokratie.[9] Jede in ihrem Namen ausgeübte
Mission muss also mit größter Vorsicht zu Werke gehen.

Tocqueville scheint überdies mit seinem langfristig angelegten geschichtlichen Konzept der „Nivellierung“ den leitenden
Gedanken gefunden zu haben, der es erlaubt, Unterschiede
zwischen der Hi- und der geläufigeren High-Society herauszu-
arbeiten. In dieser leben bekanntlich die oberen Zehntausend
– begnadete Friseure und Couturiers, ruhmreiche Mimen und
Medienstars, Neureiche und Prominente jeglicher Couleur.
Aber sie mutieren gleichsam zu einem der Milieus der Hi-Society, für die der demokratisch nivellierte, Hi-sagende Zeitgenosse typisch ist. Sein Gruß gilt nicht nur Tausenden oder
Zehntausenden, er gilt Millionen, ja Milliarden Menschen auf
dem ganzen Globus. Unter ihnen wird der Adel nötiger denn
je – als Adel der Gesinnung.

Der Gegenwartsphilosoph P. Sloterdijk fungiert in diesem
Kontext, trotz all seiner Bravour, als eher abschreckendes Beispiel. Um seinen Auftritt glänzender zu machen, verwandle

ich ihn kurzerhand in einen noblen Dandy, von dem er sich den einen oder anderen Zug absehen sollte. Zumindest im Wunschobjekt der hier vorgestellten Gesellschaft spielen Dandies hervorragende Rollen. Sie impfen uns, die wir zu scheu geworden sind, um echte Heldentaten zu bejahen, mit nur scheinbar veralteten heroischen Gefühlen. Wir sollten unsere Haltung dazu ändern.

Der Essay endet mit einem Hoch auf die Zivilcourage, ja, er läuft, da er einem ums Leben gekommenen Helden unserer Tage gewidmet ist, von Anfang an auf Umwegen darauf hinaus (10). Der Alltag umfängt unser Verhalten, ganz gleich wo wir tätig sind. Wir entrinnen ihm nicht. Eine gefährliche Situation, die zur Ausweglosigkeit führt, kann jederzeit von neuem entstehen. Daher sind Vorbilder nötig, die uns Mut machen und uns helfen, das Ausmaß täglich wiederkehrender Angst psychisch zu verkraften. „Hi" zu sagen, hieße dann: Ich bin weltoffen genug, um meinem wo auch immer in Bedrängnis geratenen Nächsten zur Seite zu stehen – möglichst postwendend und nicht allein mit Worten.

2.
Globish, Globalesisch

Das „Guten Morgen" war einmal. Inzwischen ist es flächendeckend durch das amerikanisch klingende Kürzel ersetzt worden. Im Osten wie im Westen Deutschlands.[10] Zwar hört es sich ähnlich an, doch die Unterschiede in der Mentalität der Grüßenden dürften beträchtlich sein. Alles andere wäre erstaunlich. Schon die zeitliche Verzögerung, mit der sich das „Hi" in den neuen Bundesländern durchsetzte, wäre Grund genug, den verschiedenen Nuancen im Gebrauch des Grußes nachzugehen. Beginnen wir bei den Vorreitern im Westen.

Liebedienerei und Imponiergehabe

Will man die immense Verbreitung der Anglizismen unter den Bundesbürgern verstehen, kommt man kaum an Wolf Schneiders einschlägiger Abhandlung „Speak German! Warum Deutsch manchmal besser ist" vorbei.[11] Der hochsensibel auf Verformungen des Deutschen reagierende Lehrer von Journalisten führt die Verweigerung der Muttersprache seitens seiner Landsleute gleich auf eine ganze Reihe psychischer Zustände zurück – einer schlimmer als der andere. Schneider spricht von Verzagtheit und Verklemmung, von Anbiederung und Selbstverleugnung als den „Markenzeichen" derjenigen, die mit dem einschüchternden „Denglisch" gern ihre Weltläufigkeit unter Beweis stellen wollen, dabei aber nicht selten eine lächerliche Figur machen.[12] Bei seiner Frage nach der Herkunft dieses Verhaltens rangiert die Weltläufigkeit allerdings erst an dritter Stelle. Sie will auch nicht so recht zu den von ihm genannten Markenzeichen passen. Die werden eher verständlich, wenn er das Desaster der zwölf Jahre Nationalsozialismus einbezieht, deren Nachwirkung am ehesten erklären könnte, weshalb Deutsche anders als Franzosen, Spanier und Italiener kein Liebesverhältnis zu ihrer Sprache entwickeln können.

Schneider führt einen weiteren, mehr ästhetischen Grund für das Missverhältnis an. Es sei noch nie deutscher Stil gewesen, auf die eigene Sprache stolz zu sein – in Frankreich eine Selbstverständlichkeit.[13] Komisch, dass im Land der Dichter und Denker so etwas der Fall ist. Vielleicht war ein Mann wie Goethe deshalb auf die Deutschen nicht besonders gut zu sprechen, obwohl er angesichts der vielen Institute, die heute seinen Namen in die Welt tragen, gewiss geschmeichelt gewesen wäre, selbst wenn dort die Vermittlung von deutscher Sprache und Kultur stets mit schlechtem Gewissen betrieben wird.[14] Das hängt wiederum mit den zwölf desaströsen Jahren zusammen. Sie lassen den verantwortlichen Kulturträgern offenbar keine andere Wahl als sich für die Vergangenheit zu schämen und voller Zerknirschung die eigene Sprache für die Weltsprache des Englischen aufzugeben, ob in Brüssel bei der Europäischen Union[15], oder anderswo.[16]

Der pfiffige Lehrmeister, inzwischen zum Honorarprofessor an der Universität Salzburg befördert, spart nicht mit Kritik an diesem Phänomen. Er nennt die darin zum Vorschein kommende Gemütslage eine „Affenliebe zu allen Anglizismen" und zitiert zur Verstärkung Winston Churchills beklemmende Einschätzung der Deutschen, die einem entweder die Füße leckten oder an die Kehle gingen. Erst so, dann so. Jetzt sind also wieder die Füße dran. Wir fühlten uns großartig, so wieder Schneider, den Zweiten Weltkrieg auch Jahrzehnte danach noch täglich von Neuem verlieren zu wollen, wenigstens sprachlich.[17]

Es gehört offenbar zum „Profitum"[18] eines Kritikers, dass er sich selbst vom Gegenstand seiner Kritik ausnimmt. Wenn

14

aber das Wort Churchills zutrifft, dann müsste es für jeden Deutschen schwer sein, sich zwischen den Extremen zu bewegen. Wer hätte sich nicht schon des öfteren beim Gebrauch gut ins Deutsche zu übersetzender Anglizismen ertappt. Deren rasante Verbreitung führt Schneider auch auf die Globalisierung zurück. Sie legt einem die falschen Wörter fast automatisch in den Mund. Die verkorkste Sprache, die dabei herauskommt, wird inzwischen, etwa von englischen Bildungsbürgern, als „Globish" verspottet, oder als „Globalesisch".[19] Das Deutsche bleibt als seinerseits beschädigtes Relikt zurück.

Nichts kann also zwingender sein als der „Aktion Lebendiges Deutsch", die der verdiente Honorarprofessor bereits vor Jahren mit begründet hat, jeden nur möglichen Erfolg zu wünschen. Aber unter der Bedingung, dass nicht gleich jede für die Misere mitverantwortliche Gemütsbewegung mit Hohngelächter übergossen wird – zumindest die Zerknirschung möge man davon verschonen. Wie Schneider selbst betont, geht das verklemmte Verhältnis der Deutschen zu ihrer Sprache nicht allein auf die durch den Nationalsozialismus bedingte Scham zurück, sondern weist tiefere Spuren auf, die durch die Scham nur verstärkt werden. Die Zerknirschung scheint pietistischen Ursprungs und gehört zu den Seelenbewegungen, die ihren schönsten Ausdruck in Bachs Oratorien gefunden haben.[20] Man gehe deshalb mit etwas mehr Pietät vor, selbst wenn das Deutsch darunter leiden müsste. Ein zerknirschtes Gemüt würde wenigstens einen Werbetexter daran hindern, sich und anderen im Stil eines „Wir-sind-wieder-wer!" zu imponieren, womit wir erneut – mit Churchill zu sprechen – von den Füßen weg in den Bereich der Kehle kämen.

Der, der die Kehle zuschnürte, war überraschenderweise kein deutschtümelnder Zeitgenosse. Einer der aufschlussreichsten Querbezüge Schneiders belegt, dass Hitler bemüht war, das Deutsche internationaler zu machen. Er verbot nicht nur die altdeutsche Druckschrift, er sorgte auch für ministerielle Erlasse, die sich gewaltsame Eindeutschungen von Fremdwörtern verbaten – eine schwere Blamage für diejenigen, die auf die „Aktion Lebendiges Deutsch" mit dem Faschismusvorwurf reagieren.[21] In diesem wie in anderen Bereichen wird sichtbar, wie sehr eine Auseinandersetzung mit bestimmten Modernitätsbestrebungen des Nationalsozialismus nottut, um nicht in jede Falle zu tappen.[22]

Merkwürdigerweise ist vom Grüßen, auf das es uns besonders ankommt, im „Speak German" nur am Rand, und zwar im Rahmen der Leitkultur, die Rede. Die Schwierigkeiten, die Deutsche damit haben, sich zu ihren eigenen kulturellen Traditionen zu bekennen und einige für sie zentrale Werte daraus für kanonisch zu erklären, wird überzeugend mit der Scham, sich der deutschen Sprache zu bedienen, kurzgeschlossen. Schneider zitiert den Theologen Richard Schröder, der sich beherzt für normative Orientierungen ausspricht. Ohne die üblichen Gebräuche, die sich im Feiern, im Aufeinanderzugehen, auch in der speziellen Art des bejahenden bzw. verneinenden Kopfschüttelns zeigen, könne keine Kultur überleben. Zu diesen Orientierungen gehört ebenso der Gruß.[23]

Da Schneider nahezu die ganze Liste der üblichen Anglizismen abarbeitet, ohne das „Hi" zu erwähnen, ist es vermutlich erst jüngeren Datums. Es wird sich mit der zunehmenden Globalisierung in die Köpfe eingeschlichen haben. Betrachten wir es einfach als Sahnehäubchen des Globish oder Globalesisch. Von der Vision einer Weltverbundenheit ist dieses Sahnehäubchen allerdings noch weit entfernt.

Vergessen und Aufatmen

Wenn Bürger im Osten Deutschlands Amerikanismen verwenden, sind diese von anderer Bedeutung als im Westen. Beim „Hi" wird das besonders deutlich. Handelt es sich dabei überhaupt um den amerikanischen Gruß?

Janine, eine meiner Interview-Partnerinnen, die sich unsicher war, ob sie mit „Hi" grüßte oder nicht, es aber doch – auch mir gegenüber – tat, wusste nicht, wo der Gruß entstanden war. Im übrigen fand sie ihn „zu teenyhaft", so ihre Worte. Die Älteren, die ihn verwendeten, seien ihrer Ansicht nach auf jung getrimmt, gäben sich einen jugendlichen Touch und zögen sich wie Zwanzigjährige an. Sei der Ausdruck nicht sogar schon aus der Mode? Jedenfalls empfand sie eine tiefe Abneigung gegen ihn. Sie sage höchstens „Hey" zu jemandem. Auf Nachfrage räumte sie ein, vielleicht schon einmal ihrem Mann gegenüber den Gruß gebraucht zu haben. Und zwar wegen seiner Gleichaltrigkeit. Nie aber gegenüber ihrer Mutter oder Schwiegermutter. Wegen des Respekts. Vielleicht auch schon mal gegenüber ihren Kolleginnen, doch nicht gegenüber allen. Es müsse schon eine sein, die *mehr* als eine bloße Kollegin sei, eine, der sie vertrauen könne.

Es war herrlich, Janine zuzuhören! Entzückend auch, in welche Widersprüche sie sich selbst verwickelte. So behauptete sie gegen Ende des Interviews, seit sie eine Tochter habe, sage sie es nicht mehr, wohl weil sie als Mutter nun erwachsen würde. Da sich aber die Tochter, die unterdessen sieben Jahre alt geworden war, bereits wie ein Teenager gebärde, habe sie sich wieder dabei ertappt. Und neulich auch, als sie unerwarteten Besuch bekam. Zum Abschluss bemerkte sie noch, wenn andere sie mit „Hi" ansprächen, täte sie es auch.

Es fiel auf, dass Janine offenbar den Eindruck gewonnen hatte, der Interviewer habe sie vernommen, sie sei in ein Verhör geraten. Als müsse sie ihm beichten. Doch es sprudelte nur so aus ihr heraus. Der Eindruck war deshalb nicht von der Hand zu weisen, sie gehe heimlich davon aus, dass sich das „Hi" nicht recht gehöre. Schließlich verbot sie sich den Gruß gegenüber älteren Respektspersonen und glaubte selber, von ihm Abstand genommen zu haben, nachdem sie sich mit der Geburt ihrer Tochter zu den Erwachsenen zählte. Und doch rutschte ihr der Gruß immer wieder raus – nur zu verständlich in Zeiten verlängerter Adoleszenzkrisen, in denen niemand mehr so recht erwachsen werden will.

Nach diesen Angaben zu urteilen, wäre das, was Janine Probleme mit dem „Hi" bereitete, ein Mangel an Respekt. Jüngere verweigern ihn gern Älteren, bis sie selber älter geworden sind und ihn einfach von den Jüngeren erwarten. Allerdings scheint die Bedeutung, die die Befragte dem Vertrauen gab, dagegen zu sprechen. Nicht jeder Kollegin würde sie das „Hi" anbieten, nur einer, die ihr nahe sei. Wenn sich die beiden Aussagen nicht widersprechen sollen, hieße es, dass nur die Personen ins Vertrauen gezogen werden, denen man keinen Respekt erweisen muss. Das wäre freilich das Todesurteil jeder Nahbeziehung.

Doch so leicht machte mir Janine die Sache nicht, zumal sie ein Talent für Beziehungen besaß. Im gleichen Zusammenhang bemerkte sie etwas, das nicht herausgesprudelt kam, sondern genau durchdacht war. Sie gab es fast zu Protokoll. „Mit „Hi" überspiele ich eine Situation", sagte sie und fügte den verblüffenden Satz hinzu: „Da bin ich absolut mit mir auf Waage." Ein rätselhafter Ausdruck! Welche Situation sie genau überspielte, war ihr nicht mehr zu entlocken. Die Zeit drängte, das Interview brach ab. So bin ich auf Mutmaßungen angewiesen.

Überspielte Janine vielleicht den Abstand, der zwischen zwei Personen herrscht, selbst wenn sie sich sehr nahe sind?

Überspielte sie durch das Geschenk ihres Vertrauens eine Situation, in der sie ihrer Kollegin eigentlich Respekt erweisen musste? Dann gäbe das Vertrauen den entscheidenden Hinweis auf das Austarieren ihrer Persönlichkeit. Nur wenn sie Vertrauen schenkte, befände sie sich in psychischem Gleichgewicht, einer seelischen Waage vergleichbar. Woran sich die Frage nach der Art der beiden Gewichte, die die absolute Balance halten sollen, anschließen würde. Ist es auf der einen Seite der Waagschale der Wunsch nach Nähe und auf der anderen das Sich-Trauen, ihn der Kollegin gegenüber zu äußern? Was immer – es bliebe ein Wagnis, das im Überspielen der Distanz zum Gegenüber besteht – mit dem Ziel, den respektfreien Wunsch erfüllt zu bekommen.

So wenig überzeugend diese Interpretation sein mag, so viel ist sicher, dass das „Hi" bei der Befragten besonderen Gemütslagen entsprach. Ob das auch beim Nachsprechen des „Hi" der Fall war (also beim oben schon erwähnten „Wenn mich jemand mit „Hi" anspricht, tu ich es auch"), lässt sich nur vermuten. Mir wurde bis zuletzt nicht klar, ob das Echo Janines aus reinem Nachahmungstrieb geschah, oder aus dem Gefühl heraus, nicht von einem Brauch abweichen zu sollen und damit eine Norm zu verletzen, die sich bereits durchgesetzt hatte. Darauf, auf die Furcht vor der Normverletzung, hatte ich selbst zunächst getippt, um mir die schnelle Verbreitung des „Hi" in den neuen Bundesländern zu erklären. Aber möglicherweise ist die Angst vor Abweichung ja mit dem Nachahmungstrieb psychisch verbunden oder wenigstens soweit vereinbar, dass der Nachahmende seine Angst durch den Spieltrieb vor sich verbergen kann. Doch das wäre eine Unterstellung, die sich schon durch Janines überlegtes Verhalten während des Interviews von selbst erledigte. Ihre Aussagen behalten etwas Rätselhaftes, das sich gegen jede vorschnelle Auflösung zur Wehr setzt.

Das Gespräch mit meiner Mitarbeiterin Barbara gab dagegen nicht so große Rätsel auf und überzeugte mich davon, die These der Angst vor Abweichung fallen zu lassen. Barbara war das „Hi" schon seit Jahren geläufig. Sie hatte es irgendwann von anderen gehört, da sagte sie es auch. Wie Janine grüßte sie nur Gleichaltrige auf diese Weise, im Unterschied zu ihr sprach sie aber auch Kumpel damit an. Aus guter Laune heraus. Weil es locker war. Sie zog damit niemand ins Vertrauen. Vertrautere Personen, und zwar egal welchen Alters, begrüßte sie dagegen mit „Hallo". „Hallo" ist vom Gefühl her kein importiertes Wort wie „Hi". In Situationen größerer Nähe griff sie demnach auf einen Gruß zurück, der bereits verbreiteter war und den Vorteil besaß, sich heimischer anzuhören. So wird er sich im Nahbereich auch leichter angeboten haben.

Das „Hallo" klingt zwar deutscher als das „Hi", ist aber wohl ebenfalls englischen Ursprungs. Zu einer vertrauteren Atmosphäre will es nicht recht passen. Oder Barbara wahrte gerade durch den unpersönlicheren Gruß jene Distanz, die ihre Kollegin durch das noch unpersönlichere „Hi" überspielte. Mich überraschte jedenfalls, dass sie stattdessen nicht auf das üblichere „Guten Tag" auswich. Doch „Guten Tag" zu sagen, war ihr zu normal – zu förmlich, wie sie meinte. Und das Englische, ob beim „Hallo" oder beim „Hi", machte ihr, anders als ich annahm, überhaupt nichts aus. Die Jugendlichen, die Englisch gelernt haben, hätten damit keine Probleme. Das Russisch gehörte längst der Vergangenheit an. Selbst das „kid" für „Kinder" ging ihr ohne weiteres über die Lippen. Mal sagte sie so, mal so. Mal Englisch, mal Deutsch, je nach Affektlage, meinte sie und erklärte es für eine reine Bauchentscheidung.

Vereinigung gelungen, dachte ich. Wenn die Westimporte so locker angenommen werden, dann braucht man sich über die Schwierigkeiten des Zusammenwachsens nicht weiter den

Kopf zu zerbrechen. Von Angst vor Abweichung keine Spur. Wenigstens in der gleichen Alterskohorte. Im Gegenteil, die Lust an der guten Laune und die Ungezwungenheit im Umgang miteinander gaben den Ausschlag. Da meine Gesprächspartnerin außerdem das „Hi"-Sagen zum Kumpel, dem Idealtyp des egalisierten DDR-Bürgers, besonders betont hatte, überzeugte sie mich davon, dass der neue Gruß wie gemacht schien, um die alte, sozialistische Gemütslage halb in Erinnerung zu rufen, halb in Vergessenheit geraten zu lassen. Mit dem „Hi" konnte man gleichzeitig an geliebten Traditionen festhalten und eine neue begründen, man modernisierte seine Affekte quasi im Nu. Das war womöglich der Grund für die Lust an der Nachahmung und die schnelle Verbreitung dieses Grußes. Eine Aversion gegen Russisch und eine Vorliebe für Englisch, die unter den Jüngeren schon vor 1989 zu erkennen war, werden das Ihrige dazu beigetragen haben.

Angesichts des immer öfter zu hörenden „Hi" ist es merkwürdig, dass Janine sich fragte, ob es nicht schon aus der Mode gekommen sei. Auch sie war seiner Anziehungskraft längst erlegen. Wie oben erwähnt, grüßte sie unerwarteten Besuch so und nicht anders. Was ihren Fall interessant macht, ist die Tatsache, dass sie darüber ins Grübeln kam und damit kulturelle Anpassungsschwierigkeiten in ihrem Verhalten zu erkennen gab. Ganz offensichtlich wurde das im Interview mit Evelyn. Ihr klinge das „Hi" immer wie das deutsche „Hai" in den Ohren. Wie der Name des Fisches. Und sie antworte deshalb dem, der sie mit „Hi" begrüße, stets mit dem Namen eines anderen Fisches, damit das Gegenüber merke, dass etwas nicht stimme. Ihr Gegengruß laute dann immer „Karpfen".

Ganz sicher verhörte sich Evelyn absichtlich. Es gefiel mir, wie sie sich darüber freute, dem anderen eins auszuwischen. So wenigstens verstand ich ihren Hörfehler. Ich sah darin ein feines Gespür für die Gekünsteltheit des neuen Grußes. Er war ihr wenig angemessen. Sie gehörte schon zu einer etwas älteren Generation, die nicht einfach alles übernahm, was „von drüben" kam.[24] Und so erschien sie mir in ihrer Widerständigkeit wie ein Fels in der Brandung. Sie ließ sich nicht, wie Janine, verunsichern, sondern behauptete ihr Terrain durch bewusste Unangepasstheit. Eine stolze Erscheinung! Sie wird aber auf längere Sicht eine Ausnahme von der Regel bilden.

Weit ältere Frauen haben mich schon mit ihrem „Hi" frappiert. Es ist inzwischen so weit vorgedrungen, dass ich mich frage, ob nicht noch ein anderer Affekt dabei im Spiel ist. Damit komme ich zu meiner Mitarbeiterin Anja, der letzten in der Reihe der Interviews. Obwohl es so kurz war, dass man es kaum ein Interview nennen dürfte, gewährte es weitere Einblicke in die ostdeutsche Seele. Und das weniger durch die Worte, die sie sagte als durch ihre Stimmführung. Wie sie das „Hi" aussprach, ist unnachahmlich. Es klang fast engelhaft. Ätherisch. Wie aus einer anderen Welt, wie außer sich. Als wäre sie „high" (im umgangssprachlichen Sinn). Denkbar, dass die Medikamente, die sie zur Zeit unserer Unterhaltung nehmen musste, den Eindruck verstärkten – ich halte es dennoch für möglich, dass ein Hauch von Hochstimmung in jedem „Hi" mitschwingt, das sich die neuen Bundesbürger zurufen, jedenfalls in Brandenburg. Als würde es einen Oberton erzeugen, der dem Grüßenden über die gegenwärtige Situation hinweghilft, ihn von der schwierigen Gegenwart entlastet. Er darf endlich, obschon nur für den kurzen Moment des Grußes, frei durchatmen und die für ihn neue Situation genießen.[25]

Wenn ich Amerikaner „Hi" sagen höre, habe ich stets ein befreiendes Gefühl.[26] Als würden sie mich, wie schon in 1 kurz angedeutet, mit den großräumigen Landschaften des amerikanischen Kontinents bekannt machen, in die ich generöserweise eingeladen werde. Wahrscheinlich ist dieses Gefühl mehr vom Klischee der unbegrenzten Möglichkeiten beeinflusst oder Teil eines Tagtraums. Das Wort hat womöglich einen banalen Ursprung.[27] Nach den Aussagen eines Bischofs der Mormonen hätten dortige Jugendliche das landesübliche „How do you do?" so „verballhornt (.), dass ihre Aussprache des >Haaayieee< noch weiter verkürzt wurde und als >Hi< in ihren Slang einging."[28] Immerhin stünde der andere trotzdem mehr im Mittelpunkt der Aufmerksamkeit des Grüßenden als hierzulande. Auch das „How do you do" darf man jedoch nicht so verstehen, wie man es als Europäer gerne tut. Es ist zwar eine Frage nach dem Befinden des Gegenübers, aber der Grüßende erwartet keine Antwort über den Gemütszustand des anderen, sondern nur die gleiche Grußformel.[29]

Es handelt sich in erster Linie um ein Höflichkeitsritual, nicht um eine Herzensfreundlichkeit. Amerikaner werden bekanntlich sehr zurückhaltend, wenn man das eine mit dem anderen verwechselt. Wenn man dagegen die Grenzen der grüßenden Person beachtet und den Abstand wahrt, kann die Heiterkeit der Situation ansteckend sein. Dies ist wohl ein Grund dafür, dass der Gruß sich über den ganzen Globus verbreitet, ohne indes außerhalb der USA eine ähnlich intensive Wirkung zu erzielen. In Kulturen wie der unseren, in denen höfliches Verhalten auf geringe Resonanz stößt, weil man sie kurzsichtigerweise mit Schleimerei verbindet, lässt sich die Heiterkeit schwerer vermitteln, obwohl sie noch abfärbt. Da, schon aus Unkenntnis, die Frage nach dem Zustand des anderen nicht einmal rituell gestellt wird, was noch im alten „Hallo, wie geht's?" der Fall war, entfällt auch der Austausch von Höflichkeiten zwischen den sich grüßenden Personen. Beide grüßen mit „Hi", doch beide bleiben tendenziell für sich.

Diese Wirkung, dass der Grüßende in seiner eigenen Sphäre verharrt, wird durch das Ausbleiben der Namensnennung noch verstärkt. Der Gegrüßte bleibt erstmal anonym. Andererseits hat er durch die Anonymität – hier muss man es spätestens erwähnen – mehr Spielraum gewonnen. Er sieht sich weniger in die Situation hineingezogen als wenn sein Name gefallen wäre. Das erzeugt jene Lockerheit im Umgang, die Barbara bei ihren gleichaltrigen Kumpeln schätzt. Gut gelaunt gehen sie aufeinander ein, wissend, dass sie sich mit dieser Grußformel immer noch von ihrer Umgebung unterscheiden und so den Wert besonderer Gemeinsamkeit genießen. Sie können sich schlankerhand, bloß mit einem amerikanischen Kürzel, vom DDR-typischen Gefühl des Aufeinander-Angewiesenseins befreien, ohne es ganz vermissen zu müssen. Wer „Hi" sagt, würde demnach unter dem Verlust dieser Angewiesenheit nicht so sehr zu leiden haben, wie jene Ostdeutschen, die angesichts der nach 1989 um sich greifenden Gefühlskälte wehmütig auf die damalige Zeit zurückblicken.

Ein Beispiel aus der Literatur mag diese Argumentation erhärten. Gottfried Keller hatte, ähnlich wie der „Grüne Heinrich", seine bekannteste Romanfigur, unter dem strengen, einschränkenden Ordnungssinn seiner Mutter zu leiden. Als er einmal für längere Zeit außer Haus bei Verwandten untergekommen war, genoss er die größere Freiheit, die ihm bei ihnen zugestanden wurde. In einem Brief an die Mutter machte sich die Befreiung von der häuslichen Beschränktheit dadurch bemerkbar, dass er bloß mit einem „Guten Tag!" begann – ohne weitere Anrede.

Prompt fühlte sich die Mutter übergangen. In ihrer Antwort schrieb sie ihm: „Aus Deinem Brief merke ich wohl, dass es Dir in Glattfelden (wo die Verwandten wohnten, eg-m) gut gefällt; und dass Du sehr flott Dich befindest, beweist mir der Inhalt Deines Briefes: Schon der Anfang, der Titel >Guten Tag!< An wen? Ist es an mich, so darfst Du, hoffe wohl, den Mutternamen nennen.“[30] Feinfühlig, wie eine Mimose, reagierte sie auf die Kenntnis vom größeren Wohlbefinden des Sohnes, das in ihrem eigenen Haus nicht aufkommen mochte und war nahe daran, ihm seine Abnabelungsbestrebungen übelzunehmen. Sie sah sich durch den knappen Gruß, durch die Auslassung ihrer Person, fast schon aufs Altenteil versetzt.

Auf dem Umweg über die Mutter-Sohn-Probleme des Schweizer Romanciers käme man womöglich auch der Auflösung des Rätsels, das Janine einem aufgibt, näher. Da sie das „Hi“ nur für sehr vertraute Kolleginnen reserviert, teilt sie mit ihnen, und nur mit ihnen, den Genuss der größeren Freiheit. Das Vertrauen erlaubte ihr, die Anonymität zu überspielen. Vielleicht würde in diesem Fall die Nennung des Namens sogar stören und das Gegenüber weiter von ihr wegrücken. So gerne man den eigenen Namen – oder nur den Muttertitel – von anderen ausgesprochen hört, um sich in eine neue Situation einbezogen zu fühlen, so sehr kann er belasten, wenn die Situation bereits besteht. Die Wirkung wäre derjenigen vergleichbar, die eintritt, wenn ein Wort zu oft genannt wird. Es kommt dem, der es ausspricht, nur immer unverständlicher vor.

Wer weiß, ob sich Janine und ihre Kolleginnen durch den amerikanischen Gruß nicht auch über die Tageszeit, in der sie sich befinden, hinwegtrösten können. Das „Guten Morgen“ hatte ja, so erfrischend es daherkam, im Unterschied zum „Guten Tag“ einen Makel aufzuweisen. Wer so grüßte, wusste, dass die Arbeit erst begann und nicht schon beendet war. Das „Hi“, zumal in seiner berauschenden Form, polstert die sich grüßenden Personen gegen die Zumutungen ab, die ein langer Arbeitstag für jeden mit sich bringen mag. Es setzt für einen Moment das Zeitbewusstsein außer Kraft, versieht es mit einem süßen Hochgefühl, das die Wartezeit verkürzt. Andererseits belässt es die Grüßenden eben auch im Unklaren über die Tageszeit. Nur das Mittagessen, eingeleitet mit seinem brutalen „Mahlzeit", teilt den Tag dann in zwei Hälften ein, sodass sich wenigstens ein ungefähres Zeitbewusstsein bilden würde – vielleicht ein Grund, der für die Beibehaltung dieses Grußes spräche, wofern man wirklich wissen wollte, wie viel Uhr es grade ist.

Das Hinwegsetzen über die Zeit wird durch das Hinwegsetzen über den Ort noch überboten. Derjenige, der hierzulande „Hi" sagt, spricht nicht Deutsch, sondern Amerikanisch, selbst wenn er es nicht merkt. Das muss nicht schade sein, jedenfalls nicht von vornherein. Wenn demnächst alle Leute auf dem Globus diesen Gruß benutzen, könnte sich im Kopf des Grüßenden ein globales Gefühl ausbreiten, verbunden mit der Freude darüber, dass man auf der ganzen Welt zuhause ist. Das entspräche der zu Beginn geäußerten Vision (1). Ebenso gut könnte den Grüßenden jedoch ein dem globalen benachbartes Gefühl beschleichen, überall und nirgends zuhause zu sein.

Welches Gefühl von beiden schließlich überwiegt, lässt sich nicht prognostizieren. Da beide benachbart sind, machen sie sich wahrscheinlich beide gemeinsam bemerkbar. Da aber das „Hi" die Herzen öffnen kann, wie an Janine zu sehen war, halte ich eine günstige Prognose nicht für ausgeschlossen – günstig in dem Sinn, dass mit der Bereitschaft zu diesem Gruß die Fähigkeit zunimmt, global zu agieren, egal in welcher Position: ob als Mitarbeiter einer Hochschule oder eines Unternehmens, ob als einfacher Bürger, ob als Student oder als Konsument oder allgemein als Kunde.

3.
Seltsame Souveräne

Es geht um Leute von ausgefallener Art. Um Kunden. Kunden sind heute in ihrer Marktkenntnis so weit fortgeschritten, dass sie sich nicht mehr alles andrehen lassen, es sei denn, es handelt sich um so spezielle Branchen wie Banken und Finanzen, in denen man über Insiderwissen verfügen muss, um nicht betrogen zu werden. Andererseits können Kunden im wahrsten Sinne des Wortes durchdrehen, wenn sie glauben, betrogen worden zu sein, obwohl sie es nicht sind. Dann erliegen sie dem Verfolgungswahn. Er gehört offenbar zu den psychischen Dispositionen einer Hi-Society, die nah ans Rauschhafte grenzen – auch im Negativen. Das ist Gegenstand dieses Kapitels.

Im Allgemeinen zeigen sich Kunden jedoch gut informiert. Michael Hammer und James Champy sprechen von den drei Säulen, den „drei ‚C‘s", die den Handlungsrahmen der modernen Firma prägen: 1. Customer/Kunden, 2. Competition/Wettbewerb und 3. Change/Veränderung.[31] Hammer und Champy sind amerikanische Unternehmensberater, denen der Entwurf eines besonders effizienten Betriebssystems, des Business Process Reengineering, zu verdanken ist. Es nimmt den Kunden als unabdingbare Orientierungsgröße ins Visier. Da die Überflussgesellschaften des Westens von gesättigten Märkten geprägt sind, ist der Kunde König geworden. Er entscheidet, was er kauft, wann er kauft, wie viel er kauft und ob er überhaupt kauft. Noch nie in ihrer Geschichte war die Betriebswirtschaft von der Launenhaftigkeit dieses Souveräns so abhängig wie heute.

Vom zweiten ‚C‘, Competition, werden die Firmen zusätzlich in die Zange genommen. Da die Handelsschranken weltweit sinken, kann heute ein Anbieter neuer Technik global neue Standards setzen, die von allen anderen Firmen dieser Branche hinzunehmen sind. Schließlich treibt das dritte ‚C' die Unternehmen vor sich her – Change, die Veränderung. Sie ist die einzige Konstante, mit der sie rechnen können. Vertraut ist nahezu jedem das Beispiel aus dem High-Tech-Bereich von Handy und PC, deren Produktlebenszyklen sich zusehends verkürzen.

Mit den drei „C"s hat jedes Unternehmen zu rechnen, wenn es auf den Markt tritt. Nur diejenigen haben eine Überlebenschance, die den auf sie ausgeübten Zwang nicht als Zwang, nicht, um im Bild zu bleiben, als Treibjagd empfinden, sondern als Antrieb zu überlegterem Handeln. John S. Brown, lange Zeit Chef des Paalo Alto Research Centers (PARC) von Xerox, hat in einem Interview für den Antriebsmechanismus einen merkwürdigen Begriff gefunden: „Kreative Paranoia".[32] Für unsere Ohren klingen die beiden Worte in ihrer Zusammensetzung sehr gewöhnungsbedürftig, selbst noch nach mehr als zehn Jahren. Für Brown hatte sich der Begriff „Paranoia" dagegen wie von alleine angeboten, da zwei Jahre vor seinem Interview die bahnbrechende Studie von Andrew S. Grove in New York erschienen war, mit dem Titel: „Only The Paranoid Survive".[33] Darin schildert der langjährige Vorstandschef von Intel die Krisen, die das Unternehmen unter seiner Führung mehr durchlitten als durchlebt hat und wie es sich dank außergewöhnlicher Strategien am Markt behaupten konnte.

Auch Grove war der Begriff schon so vertraut, dass er sich nicht einmal erinnerte, wann er ihn zuerst in die Unternehmenssphäre eingeführt hatte.[34] Er existierte vermutlich bereits seit längerem als Spur in seinem Gedächtnis, wo er ihm dann in einer zugespitzten Situation unbewusst zur Verfügung stand. Wie in Trance muss er darauf gekommen sein. Dass das keine allzu hergeholte Mutmaßung ist, hat seinen Grund in den amerikanischen Sozialwissenschaften, in denen der Begriff seit geraumer Zeit kursierte.[35] Den unmittelbaren Anlass dazu bot ihm vermutlich der sogenannte *Gleitkommafehler*, der sein Unternehmen ungefähr eine halbe Milliarde Dollar kostete. Fast hätte er fatale Folgen für Intel gehabt. Das Buch schrieb Grove unter dem Eindruck, noch mal davongekommen zu sein.

Diktatorische Anwandlungen

Bereits knapp zehn Jahre zuvor war das Unternehmen in schwere Wasser geraten. Das zweite ‚C‘, die Competition, traf es ins Herz.[36] Es war bis dahin ein ernstzunehmender Produzent von Speicherchips gewesen, wurde jedoch durch einen japanischen Konkurrenten so bedroht, dass es am Ende seine Stellung räumen und zur Produktion von Mikroprozessoren übergehen musste. Die Tatsache, dass Intel längst als weltgrößter Produzent von Prozessoren in unser Marktbewusstsein eingesickert ist, zeigt seine Fähigkeit, selbst existenzgefährdende Krisen zu meistern und wie ein Phönix daraus emporzusteigen.

Der Neustart von Intel war nur möglich, weil die Unternehmensführung in weiser Voraussicht kommender Schwierigkeiten für die alternative Produktion von Prozessoren vorgesorgt hatte. Als hätte es den Braten schon gerochen. So war es in der Lage, relativ rasch umzusatteln und seine Erfolgsbahn fortzusetzen. Ob es die Spitzenstellung als Produzent von Speicherchips ohne die Konkurrenz aus Japan behalten hätte, ist schwer zu beurteilen. Was sich jedoch mit großer Wahrscheinlichkeit sagen lässt, ist, dass Intel als Prozessorproduzent ohne die Krise nicht so schnell zur Spitze vorgedrungen wäre. Aus der Rückschau war deshalb die Krise fast so etwas wie eine willkommene Gelegenheit, um Intels Stärke unter Beweis zu stellen. Darauf spielt der Untertitel des amerikanischen Originals an: „How to Exploit The Crisis Points (…)" – Intel beutete die Krise aus und machte sie sich produktiv zunutze.[37] So weit die erste Hälfte des Untertitels.

Die zweite Hälfte beschreibt die Gefahren, die mit dem zweiten ‚C' so gut wie mit dem dritten gegeben sind: „…Crisis Points That Challenge Every Company And Career" – keine Firma, wo immer sie auf dem Globus operiert, auch keine persönliche Karriere entgeht je den Herausforderungen dieser ‚Krisenpunkte' oder, wie Grove sie auch nennt, der „Strategischen Wendepunkte". Jeder ist ihnen unterworfen, ob er will oder nicht, und die Tücke des Objektes will es, dass die Wendepunkte so gut wie gar nicht vorauszusehen sind. Diese immer zu erwartende, stets drohende Krisenhaftigkeit des Firmengeschehens bereitet im Bewusstsein der Führungspersonen, ja der gesamten Belegschaft, die psychische Disposition zur Paranoia vor. Paranoia, wörtlich: Verfolgungswahn. Alle wähnen sich verfolgt, und zwar nicht nur von den japanischen Konkurrenten, wie im Fall der Speicherchip-Krise. Der Wirbel um den bereits genannten Gleitkommafehler demonstriert, welchem Verfolgungsdruck Intel tatsächlich ausgesetzt war. Von einem Wahn konnte erst einmal nicht die Rede sein. Der Druck war bitterste Realität.

Entsprechend realitätsnah ist das Szenario, mit dem das Buch beginnt. Kaum wurde der Fehler bekannt, breitete sich die Nachricht wie ein Tsunami[38] über die Medien aus: erst über die Handelspresse, dann über die Tageszeitungen etc., über das Fernsehen ebenso. Plötzlich kampierte CNN mit einem Übertragungswagen vor dem Hauptgebäude und forderte die Führung zum Gespräch heraus. Schließlich wussten es alle Endnutzer, die einen Rechner mit Intel-Prozessor besaßen. Die ganze Welt war informiert – der Modellfall eines hysterischen Hypes. Dabei ging es um einen Fehler, der so minimal war, dass er alle 27.000 Jahre einmal aufgetreten wäre, und das auch nur, wenn der Nutzer des PC's sehr viele Rechnungen, Tabellenkalkulationen und dergleichen damit angestellt hätte – eine Art Nano-Abweichung.

Es half Intel wenig, die geringe Auftrittswahrscheinlichkeit des Fehlers zu betonen. Die Hysterie war ausgebrochen und erfasste alle Kunden mit einem PC-Prozessor „Intel Inside", nicht nur die, die sehr viel rechnen mussten. Selbstverständlich war das Unternehmen bereit, letzteren das fehlerhafte Teil gegen ein fehlerloses auszutauschen. Es war dazu imstande, weil es glücklicherweise schon vor Ausbruch der Hysterie den Fehler bemerkt hatte und rasch beheben konnte. Dagegen war es erstmal völlig überfordert, als sich nahezu auf einen Schlag alle Endnutzer bei Intel meldeten und ultimativ von ihm den Austausch verlangten: „I want a new Chip. Period! – Ich will einen neuen Chip. Punkt!"

Während der Krise erhielt Intel täglich 15.000 Anrufe dieser Art. Grove richtete einen „War Room" ein, um sich im *Krieg* mit den Endnutzern behaupten zu können.[39] Alle Mitarbeiter mussten stehen und liegen lassen, was sie gerade taten. Allein, um die Flut der täglichen Anrufe zu bewältigen, wurde jeder gebraucht. Binnen Kurzem schaffte es das Unternehmen, die Angelegenheit zu ventilieren. Die Auslieferung der fehlerfreien Prozessoren ging in die Hunderttausende. Zum Schluss stand Intel besser da als je zuvor. Erneut tauchte es als Phönix aus der Asche auf.

Grove vermeidet es in seiner Studie, zu definieren, was ein Paranoider ist. Nur stellenweise lässt er genauer durchblicken, woran er denkt. Man muss den Fall im Ganzen kennenlernen, um die Sache zu verstehen. Doch schon gleich zu Anfang sieht man, welches Bild dem Intel-Chef vor Augen stand. Alle und jeder, heißt es da, wollten einen „Chunk“, ein Stück vom Firmenkuchen, haben. Um sie daran zu hindern, schwört er seine Belegschaft auf höchste Wachsamkeit ein – kein Wunder nach der Katastrophe, die mit dem Bekanntwerden des Gleitkommafehlers über sie hereinbrach. Es waren ja diesmal nicht die Konkurrenten, wie knapp zehn Jahre zuvor die japanischen Speicherchip-Hersteller. Es waren auch nicht die Kunden, jedenfalls nicht die unmittelbaren wie IBM, an die Intel die Prozessoren lieferte. Es waren die Endnutzer, die ihren PC mit dem Chip von Intel identifizierten und sich als seine Kunden ausgaben. Intel wurde Opfer des eigenen Erfolgs. Seine weltweite Werbekampagne „Intel Inside“ machte noch dem letzten Menschen auf dem Globus klar, wo Intel steht, vor allem auch, wo „Intel drin“ ist. Die bittere Konsequenz davon war, dass sich die Endnutzer zu Extrakunden Intels aufwarfen. Sie besetzten eine Position, die ihnen gar nicht zustand und machten sich zu Herren des Geschehens.

Was hat man von Wesen zu halten, die einer Firma die wahre Hölle bereiten können? Wäre Intel nicht so gut vorbereitet gewesen, hätte es ein Desaster gegeben. Grove vermerkt daher schon im Vorwort seiner Studie, wie schnell es passieren kann, dass ein Unternehmen über Nacht Zehntausende Mitarbeiter auf die Straße setzen muss.[40] Ein klitzekleiner Fehler genügt. Aber er genügt, weil es da draußen auf dem Markt einen Haufen Leute gibt, die so seltsam reagieren, dass man an ihrer Normalität zweifeln möchte.

Psychotisierende Normopathen

Es sind ganz normale Leute. Im Zweifelsfall hätte man genauso gehandelt wie sie. Dieses Handeln trägt auffallend pathische Züge.[41] Bei klarem Kopf würde man nicht auf der

Umtauschaktion bestanden haben. Man hätte kurz die eigene Lebenserwartung überdacht und sich gesagt, dass einem der Gleitkommafehler nie in die Quere kommen würde. Was sind 27.000 Jahre gegen die ca. 100 (medizinischen Fortschritt hochgerechnet), die ein durchschnittlicher PC-Nutzer erreichen kann. Aber solche Erwägungen stellt er gar nicht an. Von der Massenhysterie erfasst, sind für ihn tausend Jahre wie ein Tag. Als ob die Ewigkeit zu einem kurzen Zeitmoment zusammenschrumpfen würde. Das ist die Stelle in seinem Zeitempfinden, an der die Hysterie in Paranoia umschlägt. Er wähnt sich verfolgt von einer Kommagröße, die ihn mit Sicherheit ereilen wird, wo immer er sich aufhält. Er besitzt zwar eines der zuverlässigsten Arbeitsinstrumente unserer technischen Zivilisation, fühlt sich aber um seine Sicherheit betrogen. Und da er den PC, der des Fehlers wegen seinen Wert für ihn verloren hat, bezahlen musste, wird er wütend. Und verlangt sofortigen Ersatz.

In diesem Vorgang sind typische Elemente der Hi-Society zu sehen: die Abstraktion des Grüßenden von Zeit und Raum, das berauschende „High"-Sein, aber in seiner umgekehrten Form, der Wut. Sie bricht nach plötzlicher Enttäuschung aus. Unserem Denken geläufiger ist ein Fall, den der frühe Freud beschrieben hat. Ein junges Mädchen verliebte sich sofort in einen Mann, der immer mit der Bahn ankam und eine Weile in ihrem Haus zu tun hatte, ohne sie je eines Blickes zu würdigen. Tief gekränkt, reagierte sie zuerst hysterisch, wurde dann unglücklich und schließlich krank, bis sie eines Tages eine psychotische Reaktion vorübergehend von ihrer Qual befreite. An diesem Tag sollte abends in ihrem Garten ein Familienfest stattfinden, zu dem sie den Mann dringend erwartete. Sie hatte sich alle Ankunftszeiten der Züge genauestens notiert, doch der Mann wollte und wollte nicht erscheinen. Bis kein

Zug mehr fuhr. Der letzte Zug war abgefahren, und zwar in jeder Hinsicht. Da schlug ihre enttäuschte Hoffnung in freudigste Erwartung um. Schon im Nachtgewand, lief sie plötzlich in den Garten. Dort hatte sie die Halluzination, er wäre angekommen, wäre da, wäre um sie. Sie bildete sich ein, seine liebevolle Stimme zu hören, und es schien ihr, als wäre es „wie vorhin". „Vorhin" – das war vor Monaten, als sie den Mann zum ersten Mal gesehen hatte.[42]

Eine anrührende Geschichte. Eine Geschichte über Kränkungen, die zu Krankheiten führen können. Sie rührt einen, weil manches davon in jedem Liebesverhältnis vorkommt. Es ist aber kein klassischer Fall von Paranoia. Vielleicht eine Abart, eine sanfte Form davon. Freud nennt den Zustand des Mädchens eine „halluzinatorische Verworrenheit". Es halluziniert so sehr, dass es die Stimme des Mannes zu hören wähnt. Die Stimme des Geliebten verfolgt es. Es handelt sich um das Trauma der Ungeliebtheit, das sich in einen süßen Traum verwandelt hat. Und als wäre die Arme mitten aus ihrem Traum gerissen, fängt sie jedes Mal an zu toben, wenn jemand in der Nähe sie berührt und ihr klarmacht, wie die Dinge liegen. Der Einbruch der Realität bringt sie zur Raserei. Immerhin hält sie die Halluzination Monate hindurch aufrecht, ehe sie zur Therapie auf die Couch kommt.

Was den Fall mit dem des wütenden Endnutzers vergleichbar macht, ist, wenn nicht die Wut selbst, so wenigstens das Zusammenschnurren der Zeit auf einen Punkt. Monate werden zum Moment – es ist „wie vorhin". Das Zeitbewusstsein des Mädchens und das des Kunden am Computer mit dem Kommafehler ähneln sich auffallend. Ihn, den Nutzer, deshalb schon für psychotisch zu halten, wäre sicher übertrieben. Doch mindestens psychotisiert er, solange er wütend ist. Nur verliert er seine Wut wahrscheinlich schneller als das

Mädchen, je nachdem, wann der fehlerfreie Ersatzchip von Intel bei ihm eintrifft. Es ist wie eine relativ rasch vorübergehende pathische Anwandlung.

Fishing for Complaints

Mit solchen Wutanfällen seiner Nutzer muss künftig nicht nur Intel rechnen. Die Dokumentenfirma Xerox wurde oben bereits angesprochen. Doch Intel hat mit der Studie seines langjährigen Vorstandschefs als erstes Unternehmen darauf hingewiesen und davon profitiert. Dabei ist der Begriff der Paranoia unscharf genug geblieben, um viel in ihn hineinzudeuten. Dass Grove kein Psychoanalytiker ist, erweist sich in diesem Fall als Vorteil. Sonst hätte er den Begriff vielleicht nie in die Debatte geworfen. Gerade durch die Unschärfe gewinnt die Szenerie, die er beschreibt, dramatische Qualität. Es sind ja nicht bloß einige wenige Nutzer, die wütend werden können, es sind Millionen. Wer darauf nicht sofort die richtige Antwort findet, hat seine Existenz sehr schnell verwirkt. Grove sah deshalb die einzige Chance für seine Firma darin, sie den Marktverhältnissen so gut wie möglich anzupassen, und das hieß, die vom Verfolgungswahn besessenen Nutzer so weit ernstzunehmen, wie man sie nehmen muss, um sie als Kunden zu behalten, oder sie dazu zu machen.

Aus der Not der Gleitkommakrise, gleichsam aus dem Stand heraus, hatte Intel den professionellen Umgang mit Beschwerden seiner Kunden eingeleitet. Dieses „Complaint Management“, aus den USA kommend, ist längst zu einer eigenständigen Disziplin innerhalb der unternehmerischen Führungsaufgaben geworden. Der Sinn eines „Beschwerde-Managements“, der Sinn *jedes* seriösen Beschwerdemanagements – ist, dass man die Beschwerdeführer nicht nur besänftigt, sondern sie psychologisch überrumpelt, damit sie dem Unternehmen die Treue halten oder überhaupt erst Treue üben. „Aus Neukunden Stammkunden machen", heißt der Slogan, der diesen Vorgang beleuchtet. Er verlangt von den Beschwerdemanagern ein ausgesuchtes psychologisches Training, das sie befähigt, sich in die Lage dessen zu versetzen, der gerade einen Wutanfall bekommt. Nur wenn die Manager das können, nur wenn sie imstande sind, die Paranoia des sich Beschwerenden nachzuempfinden, werden sie ihn psychologisch manövrieren können.

Der Unterschied zwischen den beiden Kontrahenten ist dennoch nicht zu übersehen. Der eine *hat* die Wut, der andere tut nur so, als ob. Insofern ist der Manager selber nicht paranoid. Er darf es gar nicht sein, sonst würde er dabei verlieren. Wegen dieses gravierenden Unterschieds hätte Grove die Paranoia eigentlich in Gänsefüßchen setzen müssen. Dass er es nicht tat, ist dennoch ausgesprochen nützlich. Dadurch wird der Grad der Herausforderung, vor der besonders High-Tech-Firmen heute stehen, nur desto schärfer sichtbar. Es geht um nichts weniger als darum, die Firmenbelegschaft psychologisch auf die Paranoia ihrer Klientel so vorzubereiten, dass jeder einzelne zu einem „Paranoiden" wird, ohne es zu sein.

Selbst das genügt noch nicht. Als wäre die Herausforderung, sich in die Gemütszustände seiner Beschwerdeführer nachträglich hineinzudenken, nicht schon groß genug, muss ein professionell geführtes Unternehmen a priori auf Beschwerden vorbereitet sein – eine Prophylaxe, die zugleich das Risiko der jederzeit möglichen Strategischen Wendepunkte zwar nicht mindert, aber wenigstens nicht noch durch zusätzliche Unsicherheit erhöht. Da jede neue Beschwerde eine dem Unternehmen in der Regel unbekannte Information enthält, ist es ökonomisch rational, das Mögliche zu tun, um an die Information heranzukommen. Das geht nur, indem sich das

Management den Kunden so nähert, als würden diese längst eine Beschwerde im Schilde führen. Man könnte ein solches Vorgehen deshalb als umgekehrtes „Fishing for Compliments" bezeichnen.[43] Komplimente, die dem, dem sie gelten, den Tag versüßen sollen, sind in immer mit Risiko behafteten Marktgeschäften[44] nur gefährlich. Sie lullen das Management nur ein, gaukeln ihm allseitige Zufriedenheit vor. So wird ihm die gleichfalls jederzeit mögliche Unzufriedenheit der Kunden mit seinen Produkten oder Dienstleistungen vorenthalten. Etwas, das sich als doppelt desaströs erweisen kann, da sich jede nicht geäußerte Beschwerde wie ein Lauffeuer verbreitet. Während das Management noch denkt, es sei alles in Ordnung, wandert die Kundschaft bereits zum Konkurrenten ab.[45]

4.
Abnorme Arbeitnehmer

Mit dem hierzulande gängigen Typus des arbeitenden Menschen sind solche psychologischen Manöver nicht zu machen. Er müsste sich dazu verstehen, anstrengungslos den Paranoiak zu geben. Es bedürfte harten und dauernden Trainings, um die Psyche des einzelnen langsam auf die extremen Belastungen vorzubereiten.

Das erste, was zu einer solchen Vorbereitung gehört, ist, diejenigen unter den Arbeitern und Angestellten, die den meisten Kundenkontakt haben, so zu sensibilisieren, dass sie bei den leisesten Unmutsäußerungen ihrer Klientel sofort Alarm schlagen. Der Unmut kann sich unmittelbar auf das Produkt beziehen, er kann auf ein eventuell besseres Konkurrenzprodukt verweisen, er kann Zeichen von neuen Trends sein, die man vielleicht verschlafen hat. Kurz, alles, was Abwanderungstendenzen befürchten lässt, muss umgehend gemeldet werden, am besten gleich der Führungsetage, damit sie nicht, wie meist, als letzte von der Gefahr erfährt. Im Mittelmanagement hält man gerne wichtige Informationen aus Machtgründen zurück, ohne die fatalen Folgen für das Unternehmen zu bedenken. Das führt dann nicht zur „Paranoia", sondern zu ihrem Gegenteil, zur Paralyse der Mitarbeiter, einer Lähmung der gesamten Abläufe.

Don't kill Kassandra!

Um der Paralyse zu entgehen, bediente sich Grove beim griechischen Mythos. Kassandra hatte aufgrund einer Gabe des göttlichen Apoll stets den wahren Ausgang der Dinge vorhergesagt.

Da sie aber dem erotischen Begehren des Gottes nicht nachgab, obwohl sie ihn eine Zeit lang in der Hoffnung wog, spuckte der Getäuschte ihr in den Mund und bestrafte sie damit, dass ihr niemand glaubte[46], ja, dass man sie für wahnsinnig hielt.[47] Genau dieses Schicksal soll ihr bei Grove erspart bleiben. Intels Unternehmenskultur verlangt von ihr, die Wahrheit zu sagen und von seinen Mitarbeitern, sie nicht zu verschmähen, sondern sie ernsthaft anzuhören, weil sie mit ihren Warnungen strategische Wendepunkte, die so oder so eintreten, vorzeitig erkennen hilft. Ihr nicht zu glauben, könnte tödlich für das Unternehmen sein.

Der Mensch nehme nur wahr, was ihm schmeichele, heißt es in Goethes Paralipomena zum 1. Akt vom zweiten Teil des *Faust*. Man habe aus diesem Grund die Pflicht, dem anderen nur so viel zuzumuten, wie er aufnehmen könne.[48] Das fand keineswegs überall Anklang. Goethe sei ein Stabilitätsnarr gewesen, meinte der modernere Heine mit mildem Spott über den Olympier. Der sah in der Beschleunigung aller Lebensverhältnisse, die sich bereits zu seiner Zeit ankündigte, wahrlich nichts Gutes. Er vermutete darin etwas „Veloziferisches“, so seine Wortneuschöpfung, als handele es sich um das Teuflische überhaupt.[49] Gemessen an der atemberaubenden Schnelligkeit, mit der Veränderungen heute stattfinden, ging es in der Goethezeit eher im Schneckentempo zu. Der Vergleich der verschiedenen Tempi reizt dazu, dem Zeitgefühl von Mitgliedern der Hi-Society auf die Spur zu kommen. Velozifer hat sich inzwischen in einen Gott der Geschwindigkeit verwandelt, dem die Massen auf dem ganzen Globus huldigen.

Ob Goethe aber als Stabilitätsnarr ein Gegner der neuen Verhältnisse war oder nicht, mit seiner Einsicht in die menschliche Schwäche hat er trotz Heines Spott bis heute Recht behalten. Vor allem der Unternehmenssektor zeigt das zur

Genüge. Wer hört schon gerne etwas wenig Schmeichelhaftes, noch dazu als Chef! Um so erstaunlicher, dass Grove genau dies zum herausstechenden Merkmal der Firmenkultur Intels machte. So etwas geschieht nicht nach Hauruckmethode wie auf einen Schlag. Zur Einübung der Bereitschaft, Unangenehmes überhaupt nur anzuhören, gehört ein Klima der Freimütigkeit, in dem Kritik geäußert werden darf, ja muss. Aber es muss auch Gegenkritik möglich sein. Das führt zu irritierenden Dissonanzen, doch Dissonanzen beleben Grove zufolge das Geschäft. Weil sie bei Intel offenbar von vorneherein eingeplant waren, haben sie das Unternehmen vor Schlimmerem bewahrt. Nur so hatte Intel früh genug Produktalternativen vorbereitet und neue Managementverfahren eingeübt. Sie milderten die Auswirkungen der Krisen ab und führten die Firma anschließend auf neue Höhen.[50]

„Constructive Confrontation" lautet Groves Bedingung für das Austragen solcher Dissonanzen. Die Konfrontation kritischer Ansichten ist Zeichen einer produktiv-dynamischen Debattenkultur, doch sie muss konstruktiv sein, sonst hinterlässt sie nichts als Narben bei den Angegriffenen. Intels Effizienz über Jahrzehnte beweist, dass diese Kultur nicht ins Leere läuft, sondern wirklich funktioniert. Sie scheint ein Mischgebilde aus amerikanischem Optimismus und europäischer Vorsicht zu sein. Rein amerikanischen Ansätzen ist diese Mischung ebenso fremd wie rein europäischen. Entweder man ist Optimist oder Pessimist.[51]

Grove ist offensichtlich beides. Es dürfte seiner Existenz als ungarischem Flüchtling geschuldet sein, dass die griechische Kassandra ihre Karriere als rettender „Trojaner" eines amerikanischen Vorzeigeunternehmens antreten konnte.[52] Der trojanische Krieg, dessen Ausgang sie voraussagte, findet nun nicht mehr in griechischen Gefilden, er findet an anderer Stelle statt, er tobt jetzt zwischen Intels Kunden und der eigenen Belegschaft. Der „War Room", den Intel eigens dafür einrichtete, spricht, wie man oben sah, für sich. Es bleibt das großartige Verdienst des gebürtigen Ungarn, mit der Kassandra eine Art trojanisches Pferd in den eigenen Kriegsraum eingeschmuggelt zu haben. Da darf, da soll sie ruhig ihr Unwesen treiben, damit das Unternehmen durch ihre Weissagungen möglichst schon im vorhinein und möglichst schneller als die Konkurrenz die Strategischen Wendepunkte erkennt, auf die es sich produktiv einzustellen gilt. Der römische Spruch „Si vis pacem, para bellum" erscheint hier auf moderne ökonomische Verhältnisse angewandt. Ein altes Motto kommt so zu neuen Ehren: Wenn man am Markt bestehen will, muss man zuvor den Krieg bei sich, in den eigenen vier Wänden, exerzieren.

Untypische Türöffner

Es liegt auf der Hand, dass solche Schlachten nicht mit Leuten zu schlagen sind, die sich ausschließlich als Nehmende verstehen. Sie hätten in den genannten High-Tech-Firmen keine Chance. Auch in anderen nicht. Sie würden nicht den geringsten Druck aushalten. Die Leitung dürfte sie dem Druck gar nicht erst aussetzen. In global operierenden Firmen werden alle Angestellten tendenziell zu Selbstständigen. Ihr Status gleicht am ehesten dem von Subunternehmern. Sie stellen den Typus des neuen Mitarbeiters in der Global Society dar. Er lässt sich treffend an einem Beispiel aus der Hotellerie charakterisieren. Unsere Augen sind noch an das Bild des befrackten Portiers alter Schule gewöhnt, der dem Gast das Gepäck abnimmt und ihm höflich Einlass gewährt. Nicht, dass er nicht noch gebraucht würde. Auch seine Höflichkeit bleibt unabdingbar. Nur werden seine handwerklichen Fähigkeiten in Zukunft nicht genügen. Der Portier weltweit aufgestellter Firmen muss mehr beherrschen als das, er muss mehrere Funktionen nacheinander ausfüllen können.[53]

Da kommt ein Gast, der soeben ausgecheckt hatte, noch einmal zurück und beschwert sich darüber, dass ihm im Parkhaus des Hotels aus seinem Wagen ein elektronisches Gerät entwendet wurde. Was tun? Wie reagieren? Der traditionelle Portier hätte den Gast wahrscheinlich zuerst nach dem Hergang befragt, ihn dann an den übergeordneten Abteilungsleiter, oder gleich an den Hoteldirektor verwiesen. Im schlimmsten Fall wäre er auf die Idee gekommen, den Vorgang zuerst der Polizei zu melden, damit sie die Sache in die Hand nimmt. Der Portier neuen Typs fragt den Gast gar nicht erst aus, bringt auch keine übergeordnete Stelle ins Gespräch, schon gar nicht meldet er die Sache pflichtgemäß der Polizei, sondern er erkundigt sich nach dem Preis des entwendeten Gutes. Liegt dieser in seinem Ermessensspielraum, weist er die Rezeption an, dem Gast die genannte Summe auszuzahlen, und der Fall ist erledigt.

Vielen, die von diesem Beispiel das erste Mal erfahren, kommt es vor wie eins aus dem Schlaraffenland. Was, wenn der Preis des elektronischen Geräts über den Ermessensspielraum des Portiers hinausgeht? Dann wird die Angelegenheit gewiss nicht ganz so schnell bereinigt werden. Doch das Prinzip, mit dem auf die Beschwerde eines Gastes reagiert wird, bleibt das gleiche: Der Kunde ist der Souverän. Ihn zu ködern, nicht ihn abzuschrecken, lautet die Devise. Im obigen Fall handelte es sich um 150 Dollar. Die lagen noch im Limit, sodass die Auszahlung sofort erfolgen konnte. Die Großzügigkeit des betreffenden Portiers erwies sich nur zwei Wochen später als ökonomisch profitabler Faktor. Der Gast schrieb einen Brief an das Hotel, in dem er mitteilte, das angeblich entwendete Gerät nach seiner Rückkehr gefunden zu haben, entschuldigte sich vielmals, bedankte sich für die vorzügliche Behandlung und schwor, nie wieder in einem Haus abzusteigen, das nicht zu der Hotelkette gehört. Die ihm ausbezahlten 150 Dollar lagen dem Brief bei. [54]

Selbstverständlich kann ein Portier dieses Zuschnitts nicht den gleichen Lohn, nicht das gleiche Gehalt bekommen wie der aus alten Zeiten. Er muss für die größere Verantwortung, die er zu tragen hat, entsprechend entschädigt werden, ob durch mehr Geld oder andere Vergünstigungen. Er braucht viel Schulung und viel Training, um dem Gast generös gegenüberzutreten. Hammer u. Champy umschreiben das mit dem Wort *„empowerment"*. Die Mitarbeiter werden durch die Investition in ihr Know How *ermächtigt*, größere Verantwortung zu übernehmen und sie möglichst effektiv im Sinn der übergeordneten Firma einzusetzen. Effektiv heißt hier, dass jeder sich als Türöffner für neue Kunden versteht, an welcher Stelle er auch immer tätig ist. Da aber neue Kunden zu akquirieren, entschieden teurer ist als alte zu halten, ist ein Beschwerdemanagement ganz unerlässlich. Die Kosten, die es verursacht, kommen doppelt wieder rein. Der Fall des Gastes der Hotelkette ist ein plastischer Beweis dafür.

Mit einer gewissen Übertreibung kann man deshalb sagen, dass jede Beschwerde ein Glücksfall für das Unternehmen ist. Sobald sie geäußert wird, hat der „Beschwerdebesitzer"[55] den Kunden an der Angel. Der Portier neuen Typs ist ein solcher Angler. Er besitzt die Macht, vor allem aber die Verantwortung, dem Kunden so gegenüberzutreten, dass er gar nicht anders kann als zu einem Stammkunden zu werden. Es ist jenes in 3 erwähnte „fishing for complaints", an einem einleuchtenden Beispiel illustriert. Der „Complaint Owner" mag zwar sehr im Trüben fischen, aber Hauptsache, er fischt. Er ist der Typ des Menschenfischers auf globalen Märkten.[56]

Vertrauen vs. Paranoia?

Das Hotelbeispiel stammt aus Amerika. Sicher wird man auch in Europa Etablissements mit ähnlich gutem Service finden. Aber man wird sie länger suchen müssen. Einen feinen Unterschied zwischen den beiden Kontinenten sprach der damalige PARC-Direktor Brown in dem bereits zitierten Interview mit der *Wirtschaftswoche* an. Er vertrat die Ansicht, europäische Firmen wären dem Wettbewerb nicht so heftig ausgesetzt wie amerikanische. Ihnen flögen die Fetzen nicht so um die Ohren. In den USA verginge kein Tag, an dem die kleineren Betriebe den größeren nicht den Kampf ansagten – in dem Stil: Morgen seid Ihr tot. Für die kleineren seien die größeren vom Aussterben bedrohte Dinosaurier. Oft genug liegen sie damit nicht falsch. Doch auch die kleineren, selbst die, die in den berüchtigten Garagen beginnen, werden einmal groß und stehen vor dem gleichen Schicksal. Nur, dass es sie später trifft. Erst einmal, so Brown, benähmen sie sich jedoch sehr viel unbekümmerter. Es ist, als ob sie Fußballsport betrieben. Den größeren bliebe keine andere Wahl als mitzuspielen.

Obwohl das Interview einen leicht fatalistischen Beigeschmack hat, ist es doch weit entfernt von Pessimismus oder auch nur Skepsis. Es endet für unsere Ohren schier unglaublich. Brown ist am Ende froh, dass er mitspielen kann, weil er weiß, dass das eigene Unternehmen ohne die tägliche Herausforderung der jugendlichen Konkurrenten die Zukunft verschlafen würde. Es würde einfach nicht genügend kreative Paranoia entfalten, oder sich, mit Grove zu sprechen, zu spät auf die *Strategischen Wendepunkte* vorbereiten, die die Eigenheit haben, sich nicht über die Medien anzukündigen. Dann kann es schnell passieren, dass die Youngsters, die ihnen ständig in den Ohren liegen, Recht behalten. Der Markt hat die Mammuts verschluckt.

Wenn man sich die Fußballregeln ansieht, versteht man, wieso der Interviewte so gern mitspielt, obwohl die Regeln besonders für die Angegriffenen extrem schwer zu befolgen sind. Jedes größere Unternehmen leidet schnell an mit der Zeit unübersichtlich gewordenen Organisationsstrukturen, denen die kleineren ihre viel flexibleren entgegensetzen. Wenn sie daher den Mammuts ständig in den Ohren liegen, zwingen sie sie permanent dazu, ihre Wasserköpfe abzubauen und möglichst wieder so flexibel zu werden, wie sie selber einmal waren, als sie ganz klein anfingen. Hier hat die vor allem von Hammer u. Champy geforderte Umstellung fragmentierter organisatorischer Abläufe ihre Stelle. Nur die abteilungsübergreifenden sind vom Wertschöpfungsprozess gesteuert, wobei der Wert keinen Arbeitswert, sondern einen Wert für den Kunden darstellt. Auch Braun hat bei Xerox mit dieser Umstellung frühzeitig begonnen.[57]

Die Verbesserung der Unternehmensabläufe war nur die eine Seite, um aus der „Paranoia" kreative Konsequenzen zu ziehen. Wenn Xerox bestehen wollte, musste es die Innovationspolitik erneuern. Jedes Unternehmen ist zur Innovation seiner Produkte, seiner Verfahren und seines Service gezwungen, doch keines arbeitet gerne unter Zwang. Man muss ihn nach Möglichkeit in eine Lust umwandeln, und dazu steht der Verfolgungsdruck, dem jeder Einzelne im Unternehmen ausgesetzt ist, zunächst im Widerspruch. Brown verschweigt nicht, vor welchen enormen psychologischen Schwierigkeiten seine Mitarbeiter standen. Wer gibt schon gern sein Zugpferd auf, wenn es noch fette Gewinne abwirft, heißt es wörtlich, und doch muss es geschehen. Das geht nur unter Druck. Mit Rückgriff auf den zuerst von Joseph A. Schumpeter vertretenen Ansatz nennt er den Vorgang „schöpferische Zerstörung". Eigenes gerne zerstören wollen und Neuem Platz machen, das ist nötig, um mit der Dynamik der Märkte Schritt zu halten. Über die Zerstörungslust zur Innovation!

Davon gibt wiederum Intel ein beredtes Zeugnis. Als die Krise da war und das Unternehmen sie irgendwann nicht länger leugnen konnte[58], entstanden neue Fronten, auf die niemand gefasst war. Plötzlich fielen die eigenen Freunde und Verwandten von den Mitarbeitern ab, mit dem Argument, man habe gedacht, bei Intel handele es sich um ein seriöses High-Tech-Unternehmen, und dann solche Fehler! Der Grabenkrieg verlängerte sich sogar bis hinein in den innersten Kreis der Familien. In einer Situation, die psychisch schon belastend genug war, gab es von den engsten Vertrauten noch eins drauf.[59] Wer da nicht spätestens sein Selbstbewusstsein ganz verlor, musste gut gewappnet sein. So gut, dass er noch das Zeug dazu hatte, an seinem Kurs festzuhalten. Diese Sicherheit war indes auch dahin. Denn der bisherige Kurs hatte einen ja in die Krise geraten lassen. Umwerfend sind die Bilder, die Grove zur Beschreibung dieser Ausweglosigkeit entwirft. Eines der eindringlichsten: Die Führung befinde sich im „Todestal“, aus dem es so gut wie kein Entrinnen gäbe.[60]

Brown hatte mit seiner „kreativen Paranoia“ das entscheidende Stichwort geliefert. Wer unter solchen Umständen, die noch dazu im ärgsten Fall zur Entlassung führen können, weiter kreativ sein kann, muss wahrlich eine gepanzerte Psyche[61] haben, die Kränkungen schlimmsten Ausmaßes stoisch erträgt. Dagegen ist die Kränkung durch enttäuschte Liebe, von der das Mädchen bei Freud betroffen war, ein Nichts. Und doch geht es um ähnliche Strukturen.[62]

Auf dem alten Kontinent scheint dagegen als maßgebliches Ziel betrieblicher Kommunikation das Vertrauen weiter vorzuherrschen, wenigstens in der Bundesrepublik.[63] Und dies, obwohl es aus Gründen der Globalisierung wenig Anlass dazu gibt. Möglicherweise ist es eine – zum Teil großartig begründete[64] – Ideologie, die sich gut zum vorübergehenden Stillhalten von Belegschaften verwenden lässt. Vielleicht verdrängt man auch nur gern die Marktrealitäten. Das gelingt aufgrund besserer sozialer Abfederung hierzulande eher als in den USA. In einer Zeit aber, in der die globale Wirtschaftskrise von einer Krise des Euroraums noch überlagert wird, gerät der europäische Etatismus zunehmend unter Druck. Um die eigene Währung vor globaler Spekulation auf Dauer zu bewahren, muss die komparative Überausstattung der Europäer mit sozialen Wohlstandsgütern stark beschnitten werden. Das amerikanische Beispiel kann dabei gute Trainingsdienste leisten.[65]

Sicher ist noch ein anderer Faktor für das Fixieren aufs Vertrauen als Anker betrieblicher Kommunikation zu nennen: das Beibehalten liebgewordener Gewohnheiten, die Bequemlichkeit. Wer als Arbeitnehmer lange etwas in Empfang genommen hat, kann sich am Schluss nichts anderes vorstellen als weiter zu empfangen. Nur der Betriebsrat hat, soweit vorhanden, mitzusprechen, nicht man selbst. Man sieht sich nicht als Unternehmer, man steht ihm gegenüber. Und zwar vertrauensvoll, obwohl man ahnt, dass es nichts nützt, da es schon öfter nichts genützt hat. Das Wort von den „Arbeitnehmern" bleibt niemandem, bis in die Spitzen der Politik, im Halse stecken, als hätte es nicht längst schon Patina angesetzt. Sein nach wie vor unschuldiger Gebrauch lässt auf einen verbreiteten Mangel an Verantwortungsgefühl schließen, gerade auch in den größeren, unüberschaubareren Unternehmensorganisationen, wo mehr Verantwortung am dringendsten benötigt würde.[66]

Vertrauen schafft zwar, solange es nicht gebrochen wird, Geborgenheit und Geborgenheit könnte sich günstig auf die Bereitschaft zu Innovationsleistungen auswirken, aber sie ist der Gefahr zu großer Behäbigkeit ausgesetzt – mit der Konsequenz einer Verspätung der Innovationen auf den Weltmärkten. Dass Intel noch immer Weltmarktführer im Prozessorengeschäft ist, hat gewiss nicht nur mit bestimmten Monopolpraktiken gegenüber seinen Konkurrenten zu tun, es wird auch, vielleicht sogar besonders auf seinen Kassandra-Kult zurückzuführen sein. Der besteht, wie oben beschrieben, in der Erlaubnis von Mitarbeitern, ihrer Führung die Wahrheit mitten ins Gesicht zu sagen – einer Erlaubnis, die in Krisenzeiten zur Vorschrift umgewandelt wird. Grove treibt den Kult so weit, dass er in der – schwer ermittelbaren – Zeitzone, die die Strategischen Wendepunkte umgibt, die hierarchischen Strukturen seines Unternehmens völlig auflöst. Da gehen die Ideen zur Lösung von oben nach unten und von unten nach oben. Es gibt keine Grenzen mehr zwischen den Abteilungen. Das Hierarchieprinzip wird periodisch aufgekündigt, um den lebenswichtigen Informationsfluss in alle Richtungen zu garantieren und jede Lähmungserscheinung schon im Ansatz zu beseitigen. Erst wenn das Gröbste überstanden ist, sich eine neue Strategie schon abgezeichnet hat, wird eindeutige Führung verlangt. Die Grenzen werden wieder fühlbar.

Das temporäre Aussetzen der Verhältnisse von Über- und Unterordnung nennt Grove „Das Chaos zulassen". Von „Eindämmung des Chaos" spricht er, sobald die Situation sich wieder beruhigt hat.[67] Dieses chaotische Moment gibt dem Unternehmen den nötigen Schub, um die Krise entsprechend günstig auszubeuten. Es geht um einen Grad von Freiheit aller gegenüber allen, der schwer zu übertreffen ist, schon gar nicht von einem fälschlichen Gefühl der Geborgenheit. Anhand dieser Freiheit und der Gleichheit aller Mitarbeiter untereinander lässt sich leichter verstehen, was die „konstruktive Konfrontation" der Unternehmenskultur Intels bedeutet. Und warum ein dortiger Mitarbeiter selbst unter starkem psychischen Druck, zu dem eben auch die Angst vor Entlassung gehört, noch schöpferische Zerstörungslust verspürt. Dank eines, sicherlich sehr gemischten, Heiterkeitsgefühls schafft er es in dieser schwierigen Lage noch, innovativ zu sein. So übertrifft er die Norm des europäischen Arbeitnehmers, die in einer Hi-Society eher auf Rückständigkeit als auf Fortschritt schließen lässt.

5.
Toyota-Jutsu

Stellen wir – zum besseren Vergleich des „Paranoiak" von Intel – dem Prozessorproduzenten einen Weltmarktführer an
die Seite, der von vollkommen anderen Vorstellungen ausgeht. Sie finden sich in der Philosophie Taiichi Ohnos. Auf
ihn, diesen meisterhaften Ingenieur und furchteinflößenden
Industriedespoten, geht die Entwicklung des Toyota Produktionssystems hauptsächlich zurück. Ehe er leitende Funktionen in der Automobilfertigung übernahm, war er in Toyotas
Herstellung automatischer Webstühle tätig. Von dort stammt
das Prinzip, das die Autoproduktion revolutionieren sollte:
Die Mitarbeiter mussten das Band stoppen, die berühmte
Reißleine ziehen, wenn sich irgendwo, ob in der Fertigung
oder der Montage, ein Fehler eingeschlichen hatte.[68] Taten sie
es nicht, wälzte sich der Fehler fort und trieb die Kosten seiner Beseitigung exponentiell in die Höhe. Je früher der Fehler
erkannt wurde, desto besser für das Unternehmen.

Die Wirkung des Prinzips der Reißleine ist nicht zu über-
schätzen. In letzter Konsequenz befähigte es den japanischen
Autokonzern zur Quadratur des Kreises. Wenn ein Fehler bereits im Moment seiner Entstehung beseitigt wird, steigert er
mit der Kostensenkung die Qualität. Beides zusammen mit
denselben Mitteln zu erreichen, galt bislang als nicht erreichbar. Entweder man war Kostenführer bei minderer Qualität,
oder Qualitätsführer bei steigenden Kosten. Alles hatte seinen
Preis. Nachdem Toyota sein neues Prinzip in den eigenen Fabriken durchgesetzt hatte, was gute drei Jahrzehnte dauerte,
trieb es, anfangs unmerklich, später immer offensichtlicher,
seine Konkurrenten weltweit vor sich her, bis diese gezwungen

waren, das revolutionäre Produktionssystem in der einen oder anderen Weise nachzuahmen.

Wenn es so leicht gewesen wäre! Genaugenommen geht es gar nicht. „Nicht kopieren, kapieren!" – so hat ein deutsches Vorstandsmitglied diese Schwierigkeit vor Jahren auf den Punkt gebracht.[69] Eine Kopie des Produktionssystems würde an den kulturellen Voraussetzungen westlicher Unternehmen scheitern. Es bedürfte dazu eines Trainings, das in unseren Breiten keinem Mitarbeiter zuzumuten ist. Wer Fehler möglichst schon in ihrem Entstehungsstadium erkennen will, muss dafür geradezu geeicht sein. Er muss eine Konzentration aufbringen, die weit über das bei uns vertraute Maß hinausgeht. Das chinesische Schriftzeichen[70] für „Aufmerksamkeit" deutet das ahnungsweise an. Es besteht aus stilisierten Bildern „des Sinns, der auf eine Stelle geheftet (eigentlich gegossen) wird." Das Zeichen für „Sinn" bedeutet seinerseits „Ton des Herzens". Frei übersetzt hieße es, dass derjenige aufmerksam genannt zu werden verdient, der mit ganzem, ja, mit pochendem Herzen bei der Sache ist.[71]

Nicht, dass ein Mitarbeiter Intels nicht bei der Sache wäre. Aber sein Herz wird vermutlich anders schlagen, schon weil er periodisch die Freiheit genießt, seinem Herzen Luft zu machen. Zwar darf auch ein Toyota-Mitarbeiter offen reden, er wird sogar ständig, nicht nur in Krisenzeiten, dazu angehalten, um der Führung Vorschläge zur Verbesserung zu unterbreiten. Aber, was als „Kontinuierlicher Verbesserungsprozess" (Japanisch: Kaizen) bekannt geworden ist, beruht auf anderen Voraussetzungen. Es geht nicht um die Warnung vor Schlechtwetterfronten, die sich zu Tsunamis auswachsen können. Es geht vielmehr um den steten Drang zur Perfektion, zur Not auch um den Zwang, Verschwendung möglichst zu vermeiden. Das wird von jedem einzelnen erwartet. Ohno spricht freimütig von den Schweißausbrüchen, die seine Mitarbeiter bekamen, wenn er hinter ihnen stand, um sie bei der Durchsetzung seiner industriellen Prinzipien zu beobachten. Despotischer ging's nicht.[72]

Autonomie auf Japanisch

Sollte die Darstellung der Binnenatmosphäre von Unternehmen wie Intel und Xerox zu rosig geraten und auch dort ein gewisser Führungsdespotismus anzutreffen sein[73], so dürfte doch ein Unterschied zur asiatischen Form davon bestehen, die Ohno wie kein anderer verkörperte. Er hat sie in seinem Buch über das Toyota Produktionssystem schriftlich fixiert. Und zwar unter dem zunächst kulturneutralen Aspekt des Vergleichs neuronaler Systeme.[74] Die Beispiele sind sprechend: Das Kind, das verbotenerweise eine heiße Herdplatte berührt und seine Hand darauf schlagartig zurückzieht; der Gaumen, der beim Anblick schöner Speisen augenblicklich Speichel absondert; das Auge, das, durch ein Sandkorn gereizt, Tränenflüssigkeit produziert. Diese Beispiele, so Ohno, gehören zum vegetativen Nervensystem. Bis hierhin schöpft der westliche Leser noch keinerlei Verdacht. Auch nicht beim Beispiel für jemanden, der, sagen wir, seinen Arm ausdrücklich in diese oder jene Richtung bewegt. Das ist Ohno zufolge ein Willensakt und gehört zum motorischen Nervensystem. So weit, so gut.

Erst bei der Interpretation der Beispiele mit Blick auf das System der Autoproduktion ist Ohno scheinbar ein Missgriff unterlaufen, als negiere er kulturelle Sinnzusammenhänge. Er deutet die vegetativen Systemreaktionen zu autonomen[75] Akten um, die motorischen Willensakte interessieren ihn nicht weiter. Genau das Umgekehrte würde ein westlicher Leser erwarten: Autonom sind die Willensakte einer Person, wie *den*

Arm bewegen, also in Ohnos Nomenklatur die motorischen, abhängig dagegen sind die vegetativen, die wie *der Speichelfluss* ohne Zutun des Willens geschehen. Aus westlicher Sicht geht diese Vertauschung auf ein Übersetzungsproblem zurück, so als hätte Ohno etwas, was zur Freiheitssphäre des Subjekts gehört, irrtümlich auf die Arbeitsverhältnisse bei Toyota übertragen. Aus japanischer Sicht handelt es sich um eine interkulturelle Umbesetzung, die noch dazu außerordentlich klare Einblicke in die Systematik des Toyotismus gewährt.[76]

Das Erste, was einem bei Japanern auffällt, ist nicht ihr – in unserem Sinn – autonomes, es ist ihr Gruppen- bzw. Gemeinschaftsverhalten.[77] Daher ihr großes Team-Geschick. Doch auch in einem Team wird jeder einzelne dazu vergattert, keine Fehler zu begehen. Wenn es ihm wider Erwarten doch passiert, muss er, wie bereits gesehen, den Prozess, an dem er mitwirkt, unterbrechen.[78] Das ist das Revolutionäre an der Sache. Das glatte Gegenteil ist der bekannte, dem westlichem Gewerkschaftsdenken entstammende Slogan: „Alle Räder stehen still, wenn Dein starker Arm es will!" Bei Toyota führt die Betätigung der Reißleine zwar zum Stillstand der Produktion, aber nicht, um sie zu torpedieren, sondern um sie effizienter zu gestalten. Deshalb hat jeder Toyota-Mitarbeiter eine enorme Verantwortung zu schultern, wenn er laufende Prozesse stoppt. Und man kann Ohno vorderhand verstehen, wenn er ihr Verhalten autonom nennt. Sind sie nicht autonomer als der selbstständige Hotelportier amerikanischer Prägung? Was ist schon das Rückerstatten eines elektronischen Gerätes gegen die Unterbrechung einer ganzen Produktionslinie!

Der Unterschied liegt im Detail. Während der Portier neuen Typs dem aufgebrachten Gast aus einer souveränen Position heraus gegenübertritt, dürfte dem Mitarbeiter von Toyota diese Souveränität gerade fehlen. Ohno sagt es selbst.

In den Fabriken von Toyota regiert nicht der Freiheitswille des einzelnen, der sich selbst das Gesetz gibt, also wörtlich auto-nom vorgeht, es regiert ein bestimmter Automatismus. Wie der in die automatischen Webstühle eingebaute Regler, der bei Fadenriss den Webstuhl abschaltet, müssen die Auto-werker bei auftretenden Unregelmäßigkeiten automatisch die Produktion anhalten. Nach dem Vorbild des Kindes, das die Hand blitzschnell von der heißen Herdplatte wegzieht, ha-ben sie blitzschnell auf Fehler in der Fertigung zu reagieren. Das einzige, was sie vom Regler unterscheidet, ist, dass sie Menschen sind. Daher nennt Ohno den Vorgang auch „Au-tomation mit menschlichen Zügen".[79] Da er aber seine neu-ronale Systematik nicht fallenlassen will, verwendet er einen hybriden Begriff: die *Autonomation*, eine Zusammensetzung aus Autonomie und Automation. Beide haben im westlichen Verständnis nichts miteinander zu tun.

Gewiss reicht auch die Souveränität des neuen Portiers nicht so weit, dass er das Wohl der Gäste außer Acht lassen könnte. Um ihr Wohl geht es ja gerade. Also sind seiner unternehmeri-schen Freiheit deutliche Grenzen gesetzt. Aber innerhalb dieser Grenzen ist es sein souveräner Auftritt, der auf den Gast be-stechend wirkt. Im fernöstlichen Verständnis tritt an die Stelle der Souveränität die Servilität, allerdings eine äußerst virtuose Form davon, die ihren reizvollsten Ausdruck im vollendeten Kundenservice gewinnt. Bis die Servilität, ob im Umgang mit Personen oder Sachen, als Virtuosität erkennbar wird, kann es jedoch lange dauern, wie bei einer Züchtung. Anders als für die westliche Kultur, auch die seiner Industrie, hat der Züchtungs-gedanke für Japaner nichts Anrüchiges. Das Wort „Tsukuri" kommt ebenso in der Reis- und Baum-Züchtung, wie in der von Menschen vor.[80] Sogar Studenten der Betriebswirtschaft müssen sie über sich ergehen lassen.[81] Und da ein Mitarbeiter von Toyota nicht von vornherein als Regler funktioniert, muss er dazu erst erzogen werden. Ohnos *Autonomation* ist das Zuchtprodukt einer automatisierten Autonomie. Sie kann nur durch die in Maßen freie Autonomie westlicher Herkunft übertroffen werden. Doch damit diese Autonomie vom Kunden nicht als Despektierlichkeit verstanden wird, muss sie, um ihre Überlegenheit zu demonstrieren, vielleicht genauso lang trainiert werden, wie ihr japanisches Pendant.[82]

Ninja-Comics

Das außerordentlich komplexe Toyota Produktionssystem, das hier nur in Auszügen vorgestellt wird, kann man in zwei Worten zusammenfassen: Verschwendung minimieren. Es gibt fast nichts, was nicht Verschwendung ist. Sieben Arten zählt Ohno auf, das Warten auf etwas steht ganz vorne. Es geht um eine systematische Rückführung von Verzögerungen, um das Einhalten von Zeit[83], um eine Verschlankung von allem und jedem, oder, um das Bild der Baumzüchtung heraufzurufen, um eine groß angelegte Miniaturisierung. Um Bonsai-Produktion: nur so viel, wie die Kunden nachfragen, nicht mehr. Doch, so sehr damit das wesentliche Prinzip von Toyotas Aufstieg zum größten Automobilproduzenten der Welt genannt ist, so wenig hat das Geheimnis seines Erfolgs mit der Produktion zu tun. Ohno gebraucht ein anderes Bild. Er denkt nicht an die Kunst, aus großen Bäumen kleine zu machen. In erster Linie geht es gar nicht um die Produktion, weshalb einen der Begriff *Toyota Produktionssystem* in die Irre führt. Ohno tritt für etwas ein, was man einen Krieg gegen die Sichtbarkeit nennen könnte. Die Unternehmensleitung muss ihn führen: *Ninjutsu*.[84]

Ninja waren Kämpfer, die ihren Feinden eine Zeit lang dadurch standhielten, dass sie sich so lange unsichtbar machten, wie es ihnen opportun erschien, um dann im rechten Moment überraschend zuzuschlagen. Sie benutzten dazu in der Regel schwarzes Tuch, das wenigstens bei Dunkelheit nicht auffiel. Außer der Kleidung ersannen sie alle möglichen Vorkehrungen, um sich vor dem meist zahlenmäßig überlegenen Gegner zu verbergen. Ohno erfuhr von ihnen durch einschlägige Manga[85], die er in jungen Jahren mit großem Interesse gelesen hatte. Das Wort *jutsu* heißt Kunst, jedoch mehr im Sinn der griechischen *technè*. Jedenfalls erinnert Ohnos ikonografische Analyse des Wortes daran. *Jutsu* setzt sich aus den Zeichen für „Handlung" und „erforderlich" zusammen.[86] Die Leitung Toyotas hat also genau die Operationen durchzuführen, die nottun, um jegliche Verschwendung zum Verschwinden zu bringen.

Management by Ninjutsu – eine Kunst, etwas zu verstecken, die auch verlorengehen kann, wenn der Gegner zu stark geworden ist. So ist es den Ninja in der Geschichte Japans ergangen. Ob ihr Schicksal auch Toyota ereilen wird, ist ungewiss. Noch steht das Unternehmen an der Spitze, erlitt aber während der neuen, weltweiten Wirtschaftskrise erhebliche Einbußen, sogar mehr als alle seine Konkurrenten. Schon vor Ausbruch der Krise waren unübersehbare Schwächen aufgetreten, und das in einem Bereich, der an den Stolz des Unternehmens rührt: in dem der Qualitätsführerschaft. Toyota war zu stark, vor allem auch zu schnell gewachsen.[87] Angetreten als eine Firma, die sich für Phasen des Niedrigwachstums, wie sie im Nachkriegsjapan typisch waren, rüsten wollte[88], geriet es unterdessen in eine Phase des Extremwachstums, in der offenbar das Qualitätstraining so sehr zu leiden hatte, dass es das Unternehmen zu ebenso extremen Rückrufaktionen in Höhe von fast einer ganzen Jahresproduktion veranlasste.

Vielleicht liegt das Nachlassen in der Qualität aber auch an etwas anderem. Schon bevor Akyo Toyoda von der Gründerfamilie die Geschicke der Firma übernahm, waren aus der Führungsetage neue Töne zu vernehmen. Man behauptete, das Toyota Produktionssystem sei kein typisch japanisches. Schließlich reüssiere es seit langem in der ganzen Welt. Es müsse demnach als ein international gültiges bezeichnet werden.[89] Sicher legt der weltweite Erfolg Toyotas diese Ansicht nahe. Ob aber Ohno damit einverstanden gewesen wäre, ist zu bezweifeln. Zu sehr betont er gelegentlich der Ausführungen zur Kunst, sich unsichtbar zu machen, dass es sich nicht um eine internationale, gar amerikanische Form des Managements handele, sondern, trotz vieler Ähnlichkeiten, um eine landeseigene.[90] Bei allem Respekt für die Vorreiterrolle Henry Fords und allem Eingeständnis der Nähe seines Systems zu dem seines großen Vorgängers[91] schien ihm doch der Hinweis kostbar, dass das Ninjutsu eine ganz auf eigenem Boden gewachsene, eine autochthone Kunst sei.

Tatsächlich geht sie im Kern auf etwas typisch Japanisches, auf den Kult der Hygiene zurück. Es ist ein Kult der Schönheit in Form von Reinheit – Reinheit von allem, was nicht dazugehört. Verschwendung ist unschön – und teuer. Man verschlankt den zu fett gewordenen Unternehmenskörper, man versteckt das Unschöne, man macht es unsichtbar und führt das Ganze auf seine angemessene Gestalt zurück. Das Wort *jutsu* hat es in sich. Auch wenn die *erforderliche Handlung* an etwas Technisches gemahnt, so geht es doch nicht restlos im westlichen Technikbegriff auf. Wenn man *jutsu* als Teil des Reinheitskults versteht, wird man ihm gerechter. Am besten stellt man sich ein wertvolles japanisches Lackwerk vor, um zu wissen, was gemeint ist. An ihm fehlt nichts, an ihm ist nichts ist zu viel, alles ist an ihm perfekt – Schönheit in reinster Form. Zwar wird dieser Vergleich von Ohno nicht gezogen, wohl aber grenzt er seinen Begriff von dem des englischen *technology* ab.[92] Jutsu ist mehr als das. Nur deshalb konnte Toyota die technikfixierte westliche Autoindustrie am Ende überholen. Eben darum ist das Toyota Produktionssystem, wie der erwähnte BMW-Vorstand richtig bemerkt hat, vom Westen nicht so einfach zu kopieren.

Man braucht als Nicht-Japaner deshalb noch keine Komplexe zu bekommen. Gerade die Erfolge der deutschen Autoindustrie in den letzten Jahren geben Anlass zu den berechtigsten Hoffnungen. VW will seinen japanischen Konkurrenten bis 2018 von der Spitze verdrängt haben.[93] Sollte Toyota unter seiner neuen Führung jedoch wieder an Ohnos ursprünglicher Kunstform anknüpfen, müssen die Hoffnungen noch durch etwas anderes genährt werden als durch die traditionellen Stärken eigener Produktion (Technik, Design). Dann müssen sich die Führungskräfte auf die brachliegenden Fähigkeiten ihrer Arbeitnehmer besinnen und ihnen mehr Autonomie verleihen. Nur wenn diese sich von Nehmern in Geber verwandeln, von „Unternommenen" (Ernst Bloch) zu Unternehmern, werden sie die *Autonomation* ihrer asiatischen Kollegen am Ende übertrumpfen können. Nichts birgt so viel Dynamik in sich wie die – in Grenzen freie – Selbstbestimmung. In der Begrenzung liegt die Kunst.

Hai, hai

Die japanische Gesellschaft ist vielleicht am weitesten von der Hi-Society entfernt. Nicht, dass das „Hi" dort nicht zu hören wäre. Auch Japaner verwenden es, wie in 1 skizziert, zum Grüßen, wenigstens wenn sie jung sind. Aber das fällt unter die Rubrik der Kalifornisierung des jugendlichen Lebensstils auf der ganzen Welt. Da fühlen sich alle gern wie Kalifornier (Kennichi Ohmae). Die Studienzeit ist für viele Japaner die freieste Zeit überhaupt, freilich erst nach meist anstrengenden Eingangsexamina. Später, in den Betrieben, herrscht ein anderes Klima. Zum Teil ist es, wie bei Matsushita, dem eines religiösen Ordens mit strengen Aufnahmeriten vergleichbar.[94] Selbst wenn die Rituale sich inzwischen gelockert haben – das gleichmachende „Hi" dürfte sich in der Betriebshierarchie nicht recht gehören. Stattdessen dominiert wahrscheinlich das nicht gleichmachende, nur gleichlautende „Hai", das „Ja". Oft wird es mehrfach wiederholt. Auf westliche Besucher übt es keinen geringen Reiz aus. Klaus Harpprecht fand für dieses meist heiter zum Ausdruck gebrachte Hai-Gewitter die glückliche Bezeichnung „akustische Höflichkeit".[95]

Japan hat keine der europäischen Aufklärung vergleichbare Epoche durchgemacht. Den für die Aufklärung typischen Autonomieschub hat es deshalb nicht gegeben. Die Meiji-Restauration in der zweiten Hälfte des 19. Jahrhunderts war etwas anderes: eine weiße Revolution, welche die Tür nach Westen geöffnet hat, ohne die höfischen Formen preiszugeben. Nach dem dunklen Kapitel des japanischen Imperialismus, das hier aus Gründen der Diskretion außer Acht gelassen wird, hat auch die amerikanisch forcierte Demokratisierung des Landes nach dem Zweiten Weltkrieg nicht zum Verlust dieser Formen geführt. Statt früher nur den Höhergestellten, werden sie nun potentiell allen gegenüber bezeugt. Davon kann sich jeder im ganz normalen Alltag überzeugen. In den Betrieben muss noch ungleich stärker darauf geachtet werden, um die Kunden nicht aus den Augen zu verlieren.[96] Die Höflichkeit ist zwar der, die im vorrevolutionären Europa geherrscht hat, ähnlich, aber sie ist nicht die gleiche. Bevor das Tor zum Westen aufgestoßen wurde, hat das Geschlecht der Tokugawa das Land über zweihundertfünfzig Jahre lang einem pädagogischen Regime neukonfuzianischer Prägung unterzogen.[97] Das ist bis heute spürbar. Der

Konfuzianismus ist jedoch keine Religion wie das Christentum, das den europäischen Monarchien mehr oder minder stark als Leitbild zugrundelag, er stellt lediglich eine Verhaltensethik dar, die wie eine Religion wirkte und noch wirkt. Deshalb ist es durchaus treffend, bei Matsushita von Ordensregeln zu sprechen, als handele es sich um eine konfuzianische Kirche.

Als Konfuzius einst von einem seiner Jünger gefragt wurde, ob sich seine Lehre in einem Wort zusammenfassen ließe, gab der Meister zur Antwort, es sei die Gegenseitigkeit. Da jeder Mensch zuerst an seine eigenen Ansprüche denke, müsse er immer wieder an seine Pflichten gegenüber den Mitmenschen gemahnt werden. Wird die ständige Ermahnung erfolgreich verinnerlicht, verschiebt sich das Verhältnis zum jeweiligen Gegenüber fast bis zu einseitiger Anteilnahme. Im Vordergrund steht nicht die Achtung meiner selbst, sondern die Achtung des anderen.[98] Dessen Wert zu erkennen und zu schätzen, ist im konfuzianischen Denken wichtiger als den eigenen im Auge zu haben. Diese Haltung bezieht sich auf Personen und Sachen. Und sie grundiert zweifellos die Aufmerksamkeit, die von einem Mitarbeiter erwartet wird, besonders bei Toyota.[99] Dessen Personalauswahl folgt konfuzianischen Überlegungen. Ohne diese ethische Grundhaltung wäre keinem Toyota-Werker die Automatik zuzumuten, mit der er seine autonome Arbeit auszuüben hat.

Das eigene Ich mit seinen Befindlichkeiten spielt dabei keine Rolle. Am besten ist es leer wie ein Zimmer, durch das man hindurchgehen kann, ohne an irgendetwas anzustoßen.[100] Wenn jemand sich in einen leeren Raum verwandelt, ist er weder launisch noch anstößig, so abstoßend dieses Gebaren für westliche Zuschauer auch sein mag. Er ist aufgeräumt – wie ein japanisches Zimmer. Seine Aufgeräumtheit ist der Garant, einerseits für die Heiterkeitssalven des „Hai, hai", andererseits für die Fähigkeit, das konfuzianische Prinzip des ewigen Lernens zu befolgen. Nur wenn das Ich von persönlichen Eitelkeiten frei ist, kann es mit Erfahrung gefüllt werden. Eine gewiss anspruchsvolle Ethik. Ungewiss ist, ob Toyota-Mitarbeiter sie gänzlich beherrschen, doch wer sich bereits auf dem Weg dorthin befindet, hat einen beträchtlichen Vorsprung in der Achtung für seine Arbeit gegenüber denen gewonnen, die weder eine konfuzianische Ethik noch überhaupt eine befolgen.

Die den eigenen Willen überaus belastende Anstrengung, andere Menschen und Gegenstände mehr zu achten als sich selbst, reicht allein nicht aus, um das heitere „Hai, hai" hervorzulocken. Für die japanische Erziehung gilt nach wie vor die Praxis der Amae als richtungweisend, trotz Unterbrechungen[101] und abnehmender Bedeutung. Bei der Amae handelt es sich um eine nachsichtig-duldsame Form von Zuwendung, mit der der Nachwuchs liebevoll umgarnt wird. Takeo Doi, auf den ihre analytische Beschreibung zurückgeht, sieht sie nicht nur im Mutter-Kind-Verhältnis, sondern auch im Ehe-, ja sogar im Betriebsverhältnis gegeben, dort zwischen Führung und Mitarbeitern. Bedenkt man den Globalisierungseffekt der Arbeitsersparnis, die selbst in japanischen Vorzeigebetrieben vor den lebenslang Beschäftigten von Kernbelegschaften nicht haltmacht, so wird das auf den Betrieb gemünzte Amae-Prinzip nur in idealtypischer Weise Geltung besitzen. Als Idealtyp herrscht es indes ebenso zwischen einem Unternehmen und seinen Lieferanten. Zumindest bei Toyota.[102] Preisdiktate, wie sie gerade in westlichen Autofirmen vorkamen, werden beim Weltmarktführer eher in Watte gepackt und gleichsam amaisiert, was in eine Art Vertrauensverhältnis zu gegenseitigem Vorteil mündet. Keiner lässt den anderen in schwierigen Situationen hängen, vor allem der Größere den Kleineren nicht, aber auch umgekehrt.

Doi, früher ein Schüler Freuds, später ein Abtrünniger, entwickelte eine für sein Land typischere Psychoanalyse, die er am liebsten im Shintoismus verankert sah.[103] Im Westen wird sie als prä-ödipale Phase verstanden.[104] Oedipale Mordphantasien werden aus dem analytischen Korpus verbannt.[105] An ihre Stelle treten sanfte Umarmungen, die die Existenznot des Umarmten lindern sollen. Im Erfolgsfall werden die Zöglinge keine individualistischen Egomanen, sie werden Gruppenglieder, die wiederum untereinander Amaegefühle walten lassen. Damit befinden sie sich bereits halb auf den Pfaden des Konfuzius. Beide, die chinesische Ethik und die japanische Erziehungspraxis, sorgen gemeinsam für jene akustische Courtoisie diesseits aller Kritik, die europäische Beobachter so bezaubern kann.[106]

Westliche Erfolgsethiken geraten demgegenüber leicht ins Hintertreffen. Eigentlich sind sie gar keine Ethiken im kultivierten Sinn des Wortes. Sie zielen noch zu oft auf kurzfristigen Markterfolg – eine zu banale Angelegenheit, als dass man sie mit dem Namen Ethik adeln sollte. Jedes Unternehmen muss am Markt erfolgreich sein, auch Toyota – in Zeiten von Weltwirtschaftkrisen um so mehr. Aber es gibt etwas, was erfolgreicher ist als der Erfolg, und das ist ein Verhalten, welches sich nicht als erstes dem Erfolg verpflichtet sieht, sondern der Tätigkeit als solcher. Wenn eines am Toyotismus zu bestaunen ist – trotz der Massivität seiner gegenwärtigen Probleme – dann dies, dass er ein auf Perfektion angelegtes System darstellt, bei dem nicht so sehr die Produktion, sondern das stete Erzielen von wertvollen Verbesserungen im Vordergrund steht, wertvoll auch in ästhetischer Hinsicht.[107] Der Erfolg ist dann etwas, das sich quasi von selbst einstellt, etwas, das am Ende notwendigerweise abfällt, weil Perfektion nicht überboten werden kann.

Ein weiterer Vorzug konfuzianischen Verhaltens gegenüber rein ökonomischem Erfolgshandeln liegt in der völlig anderen Sicht auf die Binnensphäre eines Unternehmens. Vom Toyota-Führungspersonal hieß es vor Jahren, es würde sich nicht mehr als das Zehnfache des Durchschnittlohns zumessen, den seine Werker verdienen. In unserer Zeit, die von steuerfinanzierten Bonuszahlungen à outrance an erfolglose Banker gekennzeichnet ist, wird das Beispiel gern zitiert, um die „Raubtiere" (Helmut Schmidt) zu zähmen, selbst wenn aus dem Zehnfachen inzwischen das Zwanzig- oder gar Fünfzigfache geworden ist. Aber um ein Wievielfaches es auch immer geht, entscheidend ist, dass der Zusammenhang zwischen Führung und Mitarbeitern gewahrt bleibt.[108]

Wo der Zusammenhalt zwischen den einzelnen Etagen verlorengeht, wo es einen Riss zwischen ihnen gibt, leidet das ganze Unternehmen: Die Arbeitnehmer, weil sie sich in ihrer Nehmerhaltung versteifen, statt zu Subunternehmern befördert zu werden, die Chefs, weil sie im Bedarfsfall nicht auf ihre Arbeitskräfte zählen können. Wo Unternehmen leiden, leidet die Wirtschaft und mit ihr die Gesellschaft insgesamt. So bringt sich die pure Erfolgsethik um die Früchte ihres eigenen Erfolgs. Und viel scheint nicht dazu zu fehlen, dass sie wegen der Verzahnung der Probleme am Ende das ganze politische System unter sich begräbt.[109]

Da von uns weder die japanische Autonomie kopiert, noch die in Shinto- und Konfuzianismus gründende Amae-Beziehung importiert werden kann, liegt für den normativ schwächer werdenden, ethikarmen Westen die Folgerung nahe, allein in der kompromisslosen Kundenorientierung, wie sie exemplarisch von Intel betrieben wird, die Lösung zu suchen. Alles betriebliche Bestreben läuft auf Gedeih und Verderb darauf hinaus. Die Orientierung am Kunden fungiert als Ersatz-

Ethik. An ihr müssen sich alle messen: der vorgebliche Paranoiak amerikanischer Prägung, wie der mit einer Amae-Psyche
ausgestattete Konfuzianer. Der darf sich das Vertrauen leisten,
da es zu seiner Haltung passt. Die anderen nicht.

64

6.
Schmidts Ethica politica

So wenig sich die kurzfristige Erfolgsethik für die betriebliche Sphäre eignet, so wenig eignet sie sich für die nichtbetriebliche. Nachdem wir unsere Monarchien mit ihren höfischen Systemen überwunden haben und die neue christliche Ethik außerhalb der Kirchen noch nicht genügend Fuß gefasst hat, fehlt uns eine gesellschaftsprägende Verhaltenslehre, wie sie im Konfuzianismus vorliegt. In den konstitutionellen Monarchien Europas mögen Könige und Königinnen noch in Teilbereichen tonangebend sein, in den Republiken fehlen die Vorbilder. Nur dort, wo das Christentum halbwegs bedeutend bleibt und mehr ist als eine Gegenbewegung, wie in den Vereinigten Staaten, hat sich die Höflichkeit im täglichen Umgang miteinander im großen und ganzen erhalten können.[110]

Diese Schwäche macht sich auf allen Ebenen der Gesellschaft bemerkbar, auch in der Politik. So ist es kein Wunder, dass dort, wo der Versuch gewagt wird, eine politische Ethik zu entwerfen, die Mängel spürbar werden. Dennoch ist schon der Versuch zu rühmen, um zu mehr Klarheit vorzudringen. Helmut Schmidt hat in seiner großen Bilanz einen solchen Versuch gemacht. Er spricht allerdings bescheidener von „Bausteinen", die eine solche Ethik aufzuweisen hätte. Für ihn gibt es keinen verbindlichen „Kanon oder Kodex", auf den er zurückgreifen könnte.[111] Um so bewundernswerter, in welcher Breite er seinen Versuch anlegt. Von Popper und Weber bis zu Kant und Konfuzius reicht die Reihe seiner Ratgeber, Marc Aurel nicht zu vergessen. Ihren Werken entnimmt er drei für sein politisches Handeln wichtig gewordene Moralvorschriften: „die Tugend des Verantwortungsbewusstseins, die Tugend der

Vernunft und die Tugend der inneren Gelassenheit"[112] – alle drei für sich genommen tadellos, aber insgesamt wohl zu verschiedenen Verhaltenslehren zugehörig, als dass sie für politische Akteure von heute bruchlos verbindlich werden könnten.

Erstaunlicherweise fehlt unter den zu Rate gezogenen Verhaltenslehren Schmidts ein ausdrücklicher Bezug auf den christlichen Kanon, obwohl er sich als Christ versteht. Das hat viel mit der abnehmenden Überzeugungskraft der Kirchen zu tun. Ihre Schwäche war spätestens in den Jahren 1933-45 deutlich geworden und musste danach zu Enttäuschungen bei denen führen, die wie Schmidt auf ihre Fähigkeit zur moralischen Erneuerung setzten.[113] Solche Enttäuschungen werden ihn schließlich dazu bewogen haben, überhaupt auf eine religiöse Grundlegung seines Verhaltens zu verzichten. Nicht nur die Ethik des Berufspolitikers bedürfe ihrer nicht, heißt es fast kategorisch, auch für die Moral des Staatsbürgers sei sie entbehrlich.[114] Starke Worte!

Entlastung Gottes

Nach eigenem Bekunden war das religiöse Bekenntnis Schmidts nie tiefgehend. Das ist wohl auch der Grund dafür, warum seine Erörterungen über das Christentum eher dem populären atheistischen Verständnis gleichen als sich auf dem hohen Niveau seiner politischen Reflektion zu halten. Nahezu populistisch klingt die Begründung für seine geringe christliche Überzeugung. Ein Gott, der all die schrecklichen Dinge, nicht zuletzt die Kriege zulasse, könne für ihn keine Instanz des Glaubens sein.[115] Das wird vielen seiner Landsleute aus der Seele sprechen, schärft aber nicht das Argument. Echte Religiosität ist eine Gabe, sie ist nicht abhängig von weltlichem Geschehen. Hatte Gott nicht sogar seinen eingeborenen Sohn verlassen, und das ausgerechnet in dessen Todeskampf am Kreuz? Trotzdem, ja gerade deshalb ist dies die Geburtsstunde der christlichen Religion geworden.[116]

Statt Gott die Verantwortung für alle Übel der Welt anzulasten, dürfte eine Gegenstrategie größeres Seelenheil versprechen. Schmidt, der nebenbei als professioneller Klavierspieler von klassischen Werken aufgetreten ist, hätte es nicht schwergehabt, jenen künstlerischen Gottesbeweis anzuerkennen, an den der französische Homme de lettre rumänischer Herkunft, Emile Michel Cioran, erinnerte. Der hielt die Bachsche Musik, besonders die Passionen, für beweiskräftig genug, zumal Bach sie zur größeren Ehre Gottes komponiert hatte. Während des Hörens entstehe wie von selbst ein religiöses Gefühl, als würde Gott in musischer Versenkung jeweils neu geboren.[117] Das ist dann freilich kein dem echten Glauben vergleichbares, eher ein ihm verwandtes Gefühl, welches immer wieder durch Bach erneuert werden muss, um dauerhaft zu wirken. Nennen wir es ein abgeleitetes, ein sekundäres Glaubensgefühl oder „musikalische Frömmigkeit" (Joachim Kaiser).[118] Sie setzt im Gegensatz zum wahren Glauben keine Gabe voraus und wäre selbst für im Sinne Max Webers „religiös unmusikalische" Leute erreichbar, sofern sie nicht auch sonst der Musik fernstehen. Für den Bachliebhaber Schmidt ein leichtes Unterfangen.[119]

Was wie religiöse Haarspalterei erscheinen mag, ist, wenigstens der Absicht nach, alles andere als das. Es ist vielmehr der Versuch, den Schmidtschen Entwurf einer politischen Ethik katechetisch zu grundieren und ihn zugleich an seiner wunden Stelle zu durchkreuzen. Sie liegt in seiner Glaubensferne, die ihn mit der Masse seiner Landsleute erneut verbindet. Zwar fällt sie unters Toleranzgebot, das gerade auch den Ungläubigen gegenüber Nachsicht zu üben gebietet. Schmidt selber wird nicht müde, das immer wieder zu betonen. Wer aber keinem Glauben anhängt, in wie unbeschwerter Form auch immer, dem fällt die von ihm selbst geforderte Toleranz nicht etwa leichter, sondern schwerer – besonders gegenüber Glaubensbekenntnissen, die ihre Lehre gern verbreiten möchten. So gerät Papst Benedikt XVI. schon deshalb ins Visier des Altkanzlers, weil er – noch als Kardinal – das Überleben des Menschen von der moralischen Kraft des christlichen Glaubens abhängig machte.[120]

Schmidt mag das Missionieren nicht. Die Mission ist der Beginn der Intoleranz einer Religion gegenüber einer anderen. Sie führt zu all den Greueln, von denen die Geschichte der christlichen Kirchen übervoll ist. Er differenziert nicht zwischen ihrer friedlichen und unfriedlichen Variante. Dem Islam gegenüber mahnt Schmidt jedoch eine Toleranz an, die ihm bisher in zu geringem Maß entgegengebracht wurde.[121] Nur die Toleranz aller gegen alle könne die Auswüchse eindämmen.

Auf den ersten Blick möchte man die Bausteine, die Schmidt für den Entwurf einer politischen Ethik zusammengetragen hat, allesamt gutheißen. Sie entsprechen so sehr dem Common Sense der Bundesrepublik, dass der Altbundeskanzler außer Dienst den Ruf eines weise gewordenen Staatsmannes genießt. Und doch passiert Schmidt, verborgen unter dieser pauschalen und undifferenzierten Forderung nach Toleranz, manch untoleranter Ausrutscher.

Auch bei seinen außenpolitischen Empfehlungen trifft er mit Sicherheit die allgemeine Stimmungslage. Jeder wird sein auf dem Verbot jeglicher Mission beruhendes Plädoyer für Nichteinmischung unterschreiben wollen. Die Souveränität fremder Staaten steht unter völkerrechtlichem Schutz und ist schon deshalb strikt zu wahren, selbst wenn es sich um Diktaturen handelt. Schmidts Rechtfertigung von Gerhard Schröders Irakpolitik findet unter Deutschen ebenfalls breiteste Zustimmung.[122]

Die widerrechtliche amerikanische Intervention, obgleich sie zum Sturz des Diktators Saddam Hussein geführt hat, ist für ihn die Frucht jener missionarischen Handlungsweise, die er, wie zu sehen, gerne der eigenen Religion vorhält, um so mehr, wenn sie zur Grundlage der Außenpolitik erhoben wird.

Erst auf den zweiten Blick tritt die fehlende christliche Fundierung seines ethischen Entwurfs als Defizit zutage. Wäre der Entwurf außer auf Frieden und Toleranz auf einen leitenden Wert bezogen, würde er ihn sicher vor zu weit gehenden Positionen bewahrt haben. Nicht so breite Zustimmung findet sein im Ganzen positives Statement zu Schröders Übernahme eines Aufsichtsratsmandats bei dem russischen Gazprom-Konzern.[123] Und das wahrscheinlich, weil die deutsche Öffentlichkeit gegenüber den autoritären politischen Bestrebungen Russlands unter Putin eine gewisse Reserve spüren lässt. Doch auch hier mahnt Schmidt angesichts der gewaltigen Probleme, vor denen jede russische Führung nach dem Ende des Kommunismus stehe, zur Zurückhaltung. Eher sieht er wiederum Amerika in der Kritik, da es den Geltungsbereich der NATO nach Osteuropa ausgeweitet hätte – ohne Rücksicht auf die frühere Mandatarmacht. Es liege im strategischen Interesse Deutschlands, zu Russland wie zu Polen ein gutnachbarschaftliches Verhältnis aufzubauen.[124]

Die gute Nachbarschaft hat oberste Priorität. Dies sei die Lehre, welche die Bundesrepublik aus den Weltkriegen zu ziehen habe. Daher die wiederholte Mahnung, sich vor allem den europäischen Nachbarn zuzuwenden. Sein maßgebendes außenpolitisches Credo lautet, unseren äußeren Frieden zu bewahren. Das sei wichtiger als die Beteiligung an fremden Konflikten auf fremden Kontinenten.[125] Doch auch die gute Nachbarschaft bleibt ohne Halt, wenn sie auf keinen ethisch begründeten Wert bezogen wird.

Verwickelte Würde

Wer Schmidt noch als Kanzler vor Augen hat, wird sich, wie vage auch immer, an den Atlantiker erinnern, an den Weltökonomen, der das internationale wie europäische Parkett beherrschte. Da war er noch *im* Dienst. Es scheint, dass er sich erst in den Jahrzehnten danach zu einem nahezu ausschließlichen Europäer gewandelt hat. Wahrscheinlich sind dafür die Ereignisse der samtenen Revolution von 1989, die Auflösung der Sowjetunion 1991, der 11. September 2001 und der Einmarsch der Amerikaner in den Irak verantwortlich. Sie haben die Weltpolitik und damit das politische Koordinatensystem des Altkanzlers entscheidend verändert. Jedenfalls lässt sich die Summe der Erkenntnisse, die er außer Dienst gewonnen hat, in dem Satz zusammenfassen, Deutschland möge sich bescheiden. Hier, in Europa, ist sein Betätigungsfeld. Es greife nicht darüber hinaus. Das liest sich in seiner beschwörenden Form wie ein Vermächtnis.

Schmidt hat gute Gründe für die Bescheidenheit. Er hält die Deutschen für eine nach wie vor gefährdete Nation, die sich vor einer zu ausgreifenden Politik hüten müsse, zumal der europäische Einigungsprozess größte Anstrengungen erfordere, um nicht zu scheitern.[126] Nur lässt sich heute die Bescheidenheit, in globaler Perspektive, schwerer rechtfertigen als je zuvor, so tugendhaft sie auch gemeint ist. Sie ziert Schmidts Argumentation zwar ungemein, führt aber zu Fallstricken, in denen sich seine ethische Analyse verfängt. Wenn man einmal das Plädoyer für den Isolationismus – eine Art europäische Monroedoktrin – beiseite lässt und sich erneut auf seine Bausteine besinnt, so wollen sie nicht recht zu dem Vermächtnis passen, zumindest nicht zum außenpolitischen. Der Wesenskern seiner Ethik, der Außen- wie Innenpolitik gemeinsam umfasst, ist das eigene Gewissen des Politikers und die menschliche Würde, der er in friedlicher Absicht zu dienen hat. Artikel 1 des Grundgesetzes ist hier der entscheidende Bezugspunkt Schmidts.[127] Soweit scheint alles im Lot zu sein.

Der Altkanzler fügt indes im gleichen Zusammenhang eine denkwürdige Bemerkung an. Um sich gegen den Verdacht eines zu weitgehenden Patriotismus zu wehren, hält er es für geboten, die Unantastbarkeit der Würde des Menschen aus Artikel 1 besonders zu betonen. Sie sei kein nur den Deutschen zukommendes Grundrecht, sondern schließe jeden Menschen ein, Gegner auch, ja sogar eventuelle Feinde.[128] Tatsächlich wollten die Väter des Grundgesetzes niemanden ausschließen. Damit ist Artikel 1 jedoch das Einfallstor für eine über die Bausteine Schmidts hinausweisende politische Ethik. Diese würde sich nicht damit begnügen, im eigenen Haus, sei es inzwischen auch das europäische, für die Einhaltung der Grundrechte zu sorgen, sondern, um im Bild zu bleiben, ebenso im fremden Haus. Es wäre demnach geradezu die patriotische Pflicht jedes Deutschen, sich im Sinne des Grundgesetzes überall zu engagieren, auf dem ganzen Globus.

Obwohl sich heute kein einziger Bundesbürger zu einem so globalen Engagement bereit fände – außer in ökologischer Hinsicht – ist es doch eine Pflicht, die sich aus dem Grundgesetz, wenn man es ernst nimmt, folgern lässt, selbst wenn die Pflicht in das Gewand des Rechts gekleidet ist. Das hängt mit dem Ursprung dieses Gesetzes zusammen, mit seiner christlichen Färbung. Inzwischen vermag sie kaum noch jemand wahrzunehmen. Als wären wir durch die Schwundform unseres Christentums für jenen Gedanken taub geworden, der wie ein Basso continuo in den Artikeln mitschwingt: Es ist der Gedanke der Mission.[129]

Wer mag schon missionieren! Da schließt man sich Schmidts Urteil nur zu gerne an. Es spricht für seinen klugen Pragmatismus, der ihn das ganze Amtsleben hindurch begleitet hat. Aber es kommt auf die Nuance an. So einsichtig es ist, die Deutschen zur Bescheidenheit zu mahnen, weil sie Weltkrieg und Holocaust auf dem Gewissen haben, so fragwürdig ist es, aus dieser Bescheidenheit politisch Kapital zu schlagen. Bei Schmidt selbst ist das nur selten, allenfalls indirekt zu spüren. Nicht, dass er den völkerrechtswidrigen Präventivkrieg der Amerikaner gegen den Irak anprangert, ist hier das Problem, sondern, dass er, wie bereits erwähnt, die Abgrenzungspolitik seines späteren Nachfolgers, Gerhard Schröder, so unumwunden unterstützt.[130] Für dessen politisches Auftreten nach außen hat sich der Begriff „Schröderisierung" eingebürgert.[131]

Triumfalismus und Friedensgetöse nach der Art Schröders sind Schmidt fremd. Gegen einen Pazifismus um jeden Preis verwahrt er sich ausdrücklich.[132] Sein prinzipielles Eintreten für eine Friedensethik führt ihn jedoch hier und da, fast gegen eigene Einsicht, in die Nähe solcher Positionen. Er ist nicht gegen die Verteidigung der eigenen Demokratie, hält sie vielmehr für völkerrechtlich geboten, zeigt sich dagegen über die Häufung militärischer Interventionen der Deutschen in Bosnien, im Kosovo und in Afghanistan beunruhigt.[133] Man sieht auch in diesen Fällen, dass er, der sich früher nicht scheute, gegen Volkes Stimme, ja, gegen seine eigene Partei politisch zu agieren[134], nun der Mehrheitsmeinung ganz entspricht.[135]

Um der Nuance Willen, mit der die Bausteine der Ethica politica von Helmut Schmidt verfugt werden sollen, ist noch sein Verbot eines Demokratieexports in Länder mit gänzlich anderen Herrschaftsstrukturen zu erwähnen. Man würde das eigene politische Modell der fremden Kultur nur oktroyieren.[136] Das immer wiederkehrende Beispiel ist der Nahe Osten

– der Krieg der Amerikaner gegen den Irak. Schmidt nennt zwar Demokratie und Menschenrechte ehrwürdige westliche Leitbilder, doch sie dürften niemandem aufgezwungen werden, schon gar nicht mit militärischer Gewalt.

Zum historischen Vergleich ist zurecht auf die sogenannte Invasion der Alliierten Truppen 1944 in der Normandie verwiesen worden. Nichts deutete in den Kriegsjahren 1944/45 darauf hin, dass die Deutschen je ein demokratisches Land werden würden. Die Weimarer Republik war gescheitert. 1933 siegte der Reichsgedanke. Eine prowestliche Kultur war kaum vorhanden. Auch das Kaiserreich Japan war nicht dazu prädestiniert, eine Demokratie zu werden.[137] Und doch hat sich die Intervention der Amerikaner in beiden Ländern gelohnt. Wie ständen wir heute ohne sie da?

Unterschiede zu damals liegen freilich auf der Hand. Es genügt, nur einen zu nennen: Der Irak hatte 2003 niemanden angegriffen. Und so ist die Kritik am Präventivkrieg der Amerikaner völlig gerechtfertigt. Doch – jetzt wieder die Nuance: Dass niemand, wenigstens im Nachhinein, die Amerikaner dafür loben konnte, einen Diktator, wenn auch illegitimerweise, gestürzt und freie Wahlen eingeführt zu haben, das verstößt gegen die in diesem Essay angestrebte Ethik. Immerhin hatte Saddam Hussein während seiner tyrannischen Herrschaft Hunderttausende seiner Landsleute umbringen lassen. Sie gegen die vielen Opfer aufzurechnen, die sich die irakischen Religionsgemeinschaften nach Kriegsende untereinander zugefügt haben und noch zufügen, ist ethisch unhaltbar, weil die Diktatur dann als bessere Alternative anzusehen wäre.[138]

Die an mancher Stelle zu großen Fugen, die zwischen den Bausteinen der Ethik Schmidts entstehen, hängen mit den intrikaten Ansprüchen der Würde zusammen. Legt man sie weit aus, ist man bei Bush jr. und seinen „Neo-Cons", von denen manche beim Altkanzler nicht besser wegkommen als radikale Mullahs.[139] Legt man sie eng aus, ist man in theoretischer Hinsicht bei Schmidts Versuch, eine Ethik aufzustellen, die den Ansprüchen des Artikels 1 GG gerecht werden will. Nur in praktischer Hinsicht bleibt davon kaum etwas übrig. Fast vergebens hält man in seinem Werk Ausschau nach einer ethischen Attitüde gegenüber Diktatoren. Wo man fündig wird, gilt das Gebot, auch ihnen zuzuhören.[140] Kein Zweifel, dass er auf seinen ausgedehnten Reisen viel von ihnen lernen konnte. Und wenn es sich um eine große, über Jahrtausende erstreckende Kultur handelt, ist er den politischen Führern sogar sehr gewogen, so im Fall Chinas Deng Xiaoping. Die anders gearteten Verhältnisse solcher Staaten lehrten ihn einmal mehr, Bescheidenheit auch in außenpolitischen Angelegenheiten zu üben. Sie, die Bescheidenheit, bleibt der Massstab, an dem er seine gesamte Ethik ausrichtet.

Das Beispiel China ist aufschlussreich. Es zeigt, wie Schmidt seinen Massstab gewonnen hat: durch Erfahrung, vor allem durch Reisen und Gespräche mit den politisch handelnden Personen. Mit der Überschrift „Erfahrungen verändern Massstäbe" eröffnet er seine Bilanz.[141] Mit dem Kapitel „Aus der Geschichte lernen" führt er sie fort. Aber hätte daraus, neben der Bescheidenheit, nicht noch ein weiterer Massstab abgeleitet werden können? Gehört es nicht in einem Land, das zwei Diktaturen hinter sich hat, zu den Bausteinen einer politischen Ethik, prinzipiell gegen Diktaturen in fremden Ländern zu sein, auch wenn man sich die offensive Auseinandersetzung mit ihnen aus Gründen der Bescheidung untersagt? Wäre die – gewiss diplomatisch zu äußernde – Kritik an Diktaturen nicht geradezu eine würdige Ergänzung des Prinzips der Mäßigung?[142] Bringt undifferenzierte Toleranz gegenüber allem den Ethikentwurf Schmidts nicht tendenziell um das, was sein

74

unantastbares Herzstück ist – um die Würde des Menschen? Macht sie nicht letztlich würdelos? Und läuft sie nicht dem obersten Gesetz, dem er sich verpflichtet fühlt, dem öffentlichen Wohl, zuwider? Auch der römische Begriff der „salus publica" ist heute kaum noch auf das eigene Land, auch nicht auf die EU, so wenig wie damals auf das „mare nostrum" der Römer zu beschränken. In der Hi-Society wird der Begriff global verstanden.

Es gibt mindestens einen Konflikt, bei dem der eigene Entwurf selbst Schmidt gefährdet scheint. Die Androhung des iranischen Präsidenten Mahmud Ahmadinedschad vom Oktober 2005, den Staat Israel zu beseitigen, werfe, so der Altkanzler, Probleme von existenzieller Bedeutung auf. Sie könnten – wegen des möglichen Einsatzes neuer Machtmittel zur Eindämmung der Gefahr – das Prinzip der Nicht-Intervention in Frage stellen.[143] Seitdem hat Ahmadinedschad seine Androhung mehrfach bekräftigt und sie mit einer Politik latenter nuklearer Aufrüstung nachdrücklich bestätigt.[144] Und es sieht ganz danach aus, als ob dieser Konflikt kein statistischer Ausreißer in einer sonst halbwegs friedlichen Lage wäre. Er wird die Welt voraussichtlich noch eine Weile begleiten, sodass sich eine politische Ethik, die Anleitungen zum Handeln geben will, darauf einzustellen hätte.[145] Dieser neuen Weltlage wollen sich die Bausteine der Ethik Schmidts nicht gänzlich fügen. Es ist, als ob ihr Bauwerk angesichts des Ernstfalls aus den Fugen gerät.

Institutionelle Phantasie

Ob die Häme neo-konservativer amerikanischer Politologen Besserung verspricht, dürfte schwerlich zu erwarten sein. Einer der Wortgewaltigsten unter ihnen ist Robert Kagan. Er hat sich einer breiteren internationalen Leserschaft als Propagandist des Irakkriegs vorgestellt. Mit einem Schuss Sarkasmus nimmt er die träumerischen Europäer aufs Korn. Sie hätten sich ihr „postmodernes Paradies" geschaffen, um die Früchte der Revolution von 1989 zu genießen. Nun glaubten sie, die Welt außerhalb des Paradieses müsse ihren politischen Prinzipien gehorchen, d.h. Abkehr von traditioneller Machtpolitik, Hinwendung zu einer völkerrechtlich legitimierten Friedenspolitik.[146] Die Tendenz der Amerikaner, Gewalt vor Recht ergehen zu lassen und sich um internationale Verträge nicht zu kümmern, stoße auf größten Widerstand.[147] Wer dagegen, so Kagan, die Neue Weltordnung in seinem Sinne lenken wolle, müsse militärisch Position beziehen. Es liege in Europas eigenem Interesse, die demokratische Ordnung auf weitere Staaten auszudehnen, um keine isolierte paradiesische Insel zu bleiben. Zur Durchsetzung solcher Ambitionen sei die EU jedoch schon wegen ihrer zu geringen Rüstungsanstrengungen unfähig.

Trotz aller sarkastischen Rhetorik verkennt Kagan keineswegs die großartige Integrationsleistung, die Europa im und nach dem Kalten Krieg vollbracht hat. Er bezeichnet sie ohne Ironie, aber mit Hinweis auf die helfende Funktion der Vereinigten Staaten, als ein politisches Wunder. So auch in seiner neuen Streitschrift über die Wiederkehr der Geschichte nach der Wende von 1989.[148] Als ein Wunder allerdings, das sich auf die außereuropäische Welt nicht übertragen lasse. Die sei vielmehr nach 1989 zunehmend von zwei Grundgegebenheiten geprägt: von der an vergangene Zeiten erinnernden Großmachtrivalität einerseits, von der Konkurrenz zwischen Demokratien und Autokratien andererseits.[149] Was die Rivalität zwischen den Großmächten betrifft, hält Kagan ein Zusammenspiel der Nationen analog zur historischen Situation in der ersten Hälfte des 19. Jahrhunderts für illusorisch, da der gemeinsame Wertekanon der damaligen Monarchien fehle.[150]

76

Heute gingen Russland, China, die USA und Europa, um nur diese zu nennen, von konkurrierenden Regierungsprinzipien aus, die nicht miteinander harmonierten. Der Glaube an die Demokratisierung vor allem Russlands habe sich bald nach der Wende zerschlagen und der realistischeren Deutung eines autoritären Regimes Platz gemacht.[151]

Die Wiederkehr besonders des russischen Großmachtnationalismus – in der Manier des späten 19. Jahrhunderts – das ist einer der tragenden Gedanken des neuen Textes von Kagan. Man muss kein Anhänger des Neokonservativismus' dieses Autors sein, um ihm doch ein großes Gespür für die neuen machtpolitischen Verschiebungen, die in den zwanzig Jahren nach der Wende eingetreten sind, zu attestieren. Und er trifft mit seiner Behauptung, die Europäische Union habe auf die neu-alte Machtpolitik Russlands bisher keine Antwort gefunden, ins Schwarze. Angesichts des globalen Ausmaßes der beiden Grundgegebenheiten laufen Hoffnungen auf eine friedenstabilisierende Kraft der Vereinten Nationen ins Leere. Im Unterschied zu seiner Schrift von 2003 fehlt indes das Kriegsgetöse. Die ungeheuren Schwierigkeiten einer Befriedung des Irak haben ihre Spuren auch bei ihm hinterlassen. Statt der Rechtfertigung eines neuerlichen Präventivkriegs gegen einen „Schurkenstaat" sieht sich der Leser mit institutionellen Überlegungen konfrontiert, die in „Wege zu einem Konzert der Demokratien" einmünden sollen.[152]

Die USA bleiben in diesem Konzert zwar tonangebend, aber sie reihen sich ein in einen sich über den ganzen Globus erstreckenden demokratischen Staatenbund, der einer Politik des kritischen Wettbewerbs mit den autoritären Regimes verpflichtet ist. Da bilden sich Zusammenschlüsse neuer Art zwischen großen Demokratien wie Indien, Europa und Amerika mit kleineren wie Japan und – warum nicht auch der des Irak, sollten sich seine demokratischen Strukturen eines Tages gefestigt haben. Kagan erwähnt das Land in diesem Kontext nicht, der Logik seines Bundes würde es jedoch entsprechen. Der Nahe Osten bleibt auf der politischen Agenda. Einen grundsätzlichen Zweifel daran, dass er nicht demokratisierbar sei, wie Helmut Schmidt ihn hegt, hat Kagan nicht. Damit hält er seinem offensiven Ansatz die Treue, entkernt ihn aber, klug geworden, um die präventive militärische Aktion und erweitert ihn um das Bemühen, alle demokratischen Staaten politisch zu berücksichtigen, statt sie durch einseitige Gewaltakte vor vollendete Tatsachen zu stellen.

Ein kühnes Tableau, das Kagan da entwirft! Eine Alternative zu multipolaren Machtkonstellationen. China und Russland gehören nicht dazu. Sie würden einen solchen Bund mit ihren nicht-demokratischen Normen und Interessen nur belasten. In gewisser Weise handelt es sich um eine Rückkehr zu bipolaren Auseinandersetzungen, aber auf globaler Ebene. Zu anderen internationalen Organisationen wie der NATO oder den G-8- bzw. den G-20-Treffen steht der Bund in keiner Konkurrenz. Er soll sie lediglich ergänzen. Doch da Kagan nicht seinerseits als Traumtänzer erscheinen will, schließt er seine Streitschrift mit der etwas bangen Frage, ob außer den USA die liberalen Demokratien von heute noch einmal die Kraft zu einer solchen Herausforderung aufbringen werden.[153]

Die Frage harrt seither einer kraftvollen Antwort. Es ist nicht einmal sicher, ob die USA selber dazu bereit sind. Kagan veröffentlichte seinen Text noch in der zweiten Amtsperiode von Bush jr. Unterdessen hat sein mit den größten Vorschusslorbeeren ausgestatteter demokratischer Nachfolger Barack Obama schon ein Jahr Nach Amtsantritt im eigenen Land wie auch außerhalb massive Enttäuschungen hinnehmen müssen[154] und scheint derzeit zwischen verschiedenen politischen

Optionen hin- und herzuschwanken, beispielhaft dokumentiert durch sein Verhalten gegenüber China. Zunächst eher offenherzig vorgehend, um der aufstrebenden Großmacht Respekt zu erweisen, neigt der Präsident inzwischen wieder mehr zur Betonung demokratisch-religiöser Werte[155], als ob sich ein vorsichtiges Einschwenken auf die härtere Linie seines Vorgängers ankündigte. Für das Schwanken Obamas hat das demonstrativ unbekümmerte Auftreten chinesischer Politiker auf der Weltbühne gesorgt. Es verdankt sich einer neuartigen „Balance of Power". Das ehemalige Reich der Mitte versteht sich nicht mehr nur als eine Großmacht, sondern tendenziell als eine die USA herausfordernde zweite Supermacht. Selbst die Strategie, sich künftig als einziges Machtzentrum der Welt zu stilisieren, ist nicht gänzlich auszuschließen.

Dem Bündnis der Demokratien, das Kagan favorisiert, müsste diese Entwicklung erst einmal nicht schaden, es könnte sich sogar wegen der übermächtigen chinesischen Autokratie in seiner Existenz bestärkt fühlen. Merkwürdigerweise ist es jedoch bisher politisch noch kaum in Erscheinung getreten. Wenn der Grund dafür nicht an der wachsenden Macht Chinas liegt, sich alle Staaten ein Stück weit gefügig zu machen, dann vielleicht an einem Mangel, der bisher wenig diskutiert worden ist. Er wird durch Francis Fukuyamas 2006 erschienene Studie über amerikanische Außenpolitik glänzend behoben. Fukuyama konkurriert mit Kagan um politischen Einfluss in Washington. Ihm zufolge gibt es eine dem Bündnis ähnelnde „Gemeinschaft der Demokratien" bereits seit dem Jahr 2000. Sie wurde damals mit Unterstützung der Regierung Clintons in Warschau gegründet, um den seit den siebziger Jahren demokratisch gewordenen Staaten Osteuropas, Lateinamerikas und Ostasiens eine politische Stimme zu geben. Doch auch diese Gemeinschaft ist bisher nicht sichtbar hervorgetreten.

Das führt der japano-amerikanische Autor auf die fehlenden institutionellen Voraussetzungen und den unklaren Auftrag zurück, schließlich auch auf mangelnde Ressourcen und das ausbleibende Interesse reicherer Länder. Ohne sie wäre eine solche Institution auf Dauer machtlos. Dabei hätte sie durch eigene Wahlbeobachter wie durch einschlägige Bildungsprogramme die Demokratieverbreitung fördern und sich besonders nach dem 11. September 2001 bei der Demokratisierung des Irak hervortun können.[156]

Wenn es um Prozesse der Institutionalisierung geht, ist Fukuyama in seinem Element. Früher, gesteht er zu Beginn der Studie, war er ein neo-konservativer Falke.[157] Erst die Irakintervention 2003 und die ihm folgenden innerirakischen Turbulenzen verwandelten ihn in eine Taube, allerdings in eine besondere: eine mit Falkenaugen. Auch Fukuyama schließt Präventivkriege gegen „Schurkenstaaten" nicht grundsätzlich aus, ist also keine Friedenstaube[158], nur hält er sie im Nahen Osten für nicht angebracht. Hätte die Regierung Bush es vorgezogen, statt des Einmarsches in den Irak die „Gemeinschaft der Demokratien" zu stärken und sie zum Initiator einer umfassenderen „Nahostdemokratie" gemacht, dann würde möglicherweise die ganze Region ein politisches Interesse daran gefunden haben. So aber hätten die Amerikaner ihr vorrangiges Kriegsziel, die Einleitung demokratischer Prozesse, genau durch diesen Krieg verfehlt und nicht nur den Vorderen Orient, sondern die ganze Weltöffentlichkeit gegen sich aufgebracht.[159]

Das Wort „Nahostdemokratie" setzt Fukuyama zwar in Gänsefüsschen, sie sind jedoch kein Zeichen einer Distanzierung. Auffallend – wiederum gegenüber Helmut Schmidts reservierter Haltung – ist, dass er von den „vielen Menschen" spricht, die sich für ihre Region demokratische Verhältnisse wünschen – und nicht nur einfach wünschen, sondern sogar verzweifelt wünschen. Das klingt für deutsche, ja für europäische Ohren reichlich fremd. So, als könne es nicht stimmen und als wären unsere auf die Integration der EU ausgerichteten Organe nicht imstande, demokratische Aspirationen außerhalb des eigenen engen Gesichtsfelds wahrzunehmen. Deshalb entging uns auch die Freude vieler Iraker über die neu erworbene Möglichkeit von freien Wahlen. Andere Vorgänge wie etwa jene, die zu einer alternativen demokratischen Regierung in Ägypten führen könnten, lassen ebenfalls erwarten, dass das Wort von der „Nahostdemokratie" durchaus kein leeres sein muss.

Zur Zeit der Abfassung der Studie[160] waren die innerirakischen Verhältnisse weit weniger befriedet als sie es heute sind, sodass der Falke, der Fukuyama früher war, gegenüber der Taube, die er jetzt ist, mit einem Quäntchen Recht behaupten könnte, ohne den vorherigen Krieg sei dieser Fortschritt nicht zu erreichen gewesen.[161] Vielleicht würde es der Restfalke in ihm irgendwann auch eingestehen, doch der Gang seiner Argumentation wird dadurch kaum gestört. Es ist ein Gang auf Taubenfüßen, die ihn zu einem überzeugenden Votum lenken, dem Votum für einen realistischen Wilsonianismus. Die Enttäuschungen, die Wilsons Völkerbund nach dem Ersten Weltkrieg und die Vereinten Nationen nach dem Zweiten hinterlassen haben, gehen darin ein, ebenso aber die guten Erfahrungen, die mit dem Bretton-Woods-Abkommen, mit der Weltbank und dem Weltwährungsfond gemacht wurden. Sie sind gleichfalls aus dem Zweiten Weltkrieg hervorgegangen. Indem Fukuyama ihren Wert bestätigt, erinnert er die Amerikaner an ihre gute Tradition nach 1945, als sich die Außenpolitik nicht in der Abwehr sowjetischer Aggressionen erschöpfte. Die Doppelstrategie „Abschrecken plus Institutionalisieren" habe die Bush-Regierung zu ihrem eigenen Schaden mehr als vernachlässigt. Es gelte, sie wieder ins Recht zu setzen.[162]

Der Hauptakzent des Plädoyers von Fukuyama liegt allerdings nicht dort, wo man ihn, wenn man an Wilson denkt, vermuten würde. Er liegt nicht auf der Internationalität, obwohl es eine erhebliche Anzahl informell agierender internationaler Organisationen gibt, deren zunehmenden Wert er herausstellt, deren Rechtsstatus jedoch zu wünschen übriglässt.[163] Die Welt ist nach wie vor eine von Staaten, deren Legitimität entweder gesichert oder nicht gesichert ist. Von letzteren – und von Terror verbreitenden nichtstaatlichen Akteuren – gehen gegenwärtig die größten Gefahren für den Frieden aus. Deshalb spielt die Stabilisierung der Einzelstaaten die Hauptrolle im „Realistischen Wilsonianismus". Die Legitimität des Internationalismus' bleibt dadurch aber unberührt, sie wird lediglich national untersetzt – durch das sogenannte „Nation-Building". Das „Nation-Building" soll helfen, die ökonomische und politische Infrastruktur eines Landes aufzubauen, damit es zu einer handlungsfähigen Einheit wird. Hier brilliert Fukuyama mit Kenntnissen aus der Entwicklungstheorie, die allesamt eine Umkehr in der Strategie der Demokratieverbreitung ratsam scheinen lassen. Während die Neo-Konservativen geglaubt hätten, demokratische Verhältnisse würden sich im Irak von selbst einstellen, sobald das Land vom Tyrannen befreit worden sei, wären sie danach eines Besseren belehrt worden. Mit einer früheren Umsetzung der Erfahrungen des „Nation-Building" hätte man sich viele Opfer ersparen können.[164]

Der Realismus des Votums von Fukuyama läuft letztlich darauf hinaus, der amerikanischen Regierung, welche es auch sei, eine Art innenpolitische Strategie weltweiten Umfangs zu empfehlen, wobei Washington die Verbesserung und Neuschöpfung internationaler Institutionen nicht aus dem Auge verlieren dürfe. Militärische Aggressionen werden nur als ultima ratio zugelassen. Die Außenpolitik Amerikas wird gleichsam an die Kandarre einer Weltinnenpolitik genommen. Da Fukuyama trotz seiner taubengleichen Sanftmut mit der Scharfsinnigkeit seines Kontrahenten Kagan konkurrieren kann, greift er zur Illustration seines außenpolitischen Vorschlags wie dieser auf Vorbilder aus dem Europa des 19. Jahrhunderts zurück – ein Rückgriff, der wegen der neuen Rivalität zwischen den Groß- und Supermächten ohnehin infrage kommt. Fukuyama empfiehlt seiner Regierung freimütig, Bismarcks Erbe anzutreten. Und zwar das jenes Bismarcks, der nach den Einigungskriegen und der Gründung des Deutschen Reiches eine Politik des Ausgleichs mit seinen beunruhigten Nachbarn trieb. Besonders der geheime Rückversicherungsvertrag mit Russland sei ein ausgezeichneter Schachzug gewesen, da er auch den größten Rivalen des Reiches von der Saturiertheit deutscher Machtansprüche überzeugt hätte. Zum Leidwesen aller Beteiligten habe Bismarck jedoch bei seinen Nachfolgern keine Schule gemacht – mit dem 1. Weltkrieg als bitterer Konsequenz.[165]

Wie alle historischen Vergleiche, hinkt auch dieser. Doch er eröffnet Fukuyama die Möglichkeit, seine Regierung mit dem Gedanken außenpolitischer Sättigung vertraut zu machen und sie zu mehr Gelassenheit zu überreden. Zwar wäre angesichts der faktischen Machtverhältnisse weder das Deutsche Reich damals in der Lage gewesen, seinen Nachbarn jegliche Angst zu nehmen, noch würden es die Vereinigten Staaten heute sein. Was man jedoch von ihnen erwarten könne, sei das Bestreben, andere die eigene Macht so wenig wie möglich spüren zu lassen. Diese Zurückhaltung sei infolge des Vorrangs von „Nation-Building" klüger als jede militärische Lösung.[166] Um jedoch dem Vorwurf zu entgehen, womöglich einer zu schwachen Außendarstellung der Vereinigten Staaten das Wort geredet zu haben – ein Vorwurf, den Barack Obama unterdessen von seinen neo-konservativen Gegnern täglich zu hören bekommt – ergänzt der Entwicklungsanalytiker seinen Vorschlag prophylaktisch um eine grundsätzliche Stellungnahme. Jede Institution in der Zeit nach dem 11. September 2001 habe zwei Dinge nötig, die nur schwer nebeneinander bestehen könnten: Sie brauche Macht und Legitimität – Macht, um sich gegen Despotismen staatlicher oder nicht-staatlicher Provenienz zur Wehr zu setzen, Legitimität, um sich der Zustimmung der Bürger zu versichern. Da internationale Legitimität aber internationale Institutionen voraussetze, diese indes aus bürokratischen und anderen Gründen langsamer reagierten als für die Sicherheit erforderlich sein könnte, sei guter Rat teuer. Weder die Vereinten Nationen, noch die Europäische Union hätten bisher die Entscheidungsprobleme überwunden, die sich ab einer bestimmten Zahl von Mitgliedsstaaten fast zwangsläufig ergeben würden.[167]

Auch Fukuyama hat nicht die politische Weltformel parat. Sie ist in Anbetracht des multiplen Multilateralismus, von dem er den Globus gekennzeichnet sieht, auch gar nicht zu erwarten. Die klare Bipolarität zwischen dem Bündnis demokratischer Staaten auf der einen Seite und den autoritären Regimes auf der anderen, von der Kagan ausgeht, bleibt zwar untergründig wirksam, tritt aber zugunsten einer Vielzahl möglicher Koalitionen, auch zwischen den feindlichen Linien, zurück. Hier kommt China ins Spiel. Warum sollten die USA nicht mit der Volksrepublik paktieren, wo es wirtschaftlich sinnvoll sei – beispielsweise, um eine südostasiatische Freihandelszone zu schaffen, die sich die ASEAN-Staaten[168] nicht ohne Beteiligung Chinas vorstellen mögen. Andererseits könnten die USA mit den demokratischen Staaten der Region in Sicherheitsfragen zusammenarbeiten – diesmal, wegen des zu erwartenden Widerspruchs Japans, ohne Einschluss Chinas.

Für beide Koalitionen plädiert Fukuyama gleichzeitig – mit der einen, der Freihandelszone, erweise man China Respekt, mit der anderen wappne man sich gegen seine womöglich aggressiven Absichten. Koalitionsmanöver dieser Art gehören für ihn zu einem zweigleisigen Verfahren. Eine Manövrierfähigkeit dieser Art werde der potenzierten Multilateralität des Globus' besser gerecht.[169]

Am Beispiel Chinas scheiden sich die Geister. Ein Kagan würde diesen Weg nicht mitgehen. Der politische Realismus Fukuyamas hat fast schon Schmidtsche Züge. Er übertrifft die Ethik des Altkanzlers indes um den Aspekt eines listig gewendeten Wilsonianismus, der aus der europazentrierten Enge herausführt. Und weil er – im Zweifelsfall – gegenüber „Schurkenstaaten" als letzte Zuflucht militärische Präventionen vorsieht, ist er davor gefeit, despotischen Regierungen mit allzu großer Milde zu begegnen.

7.

Unverdaute Diktaturen

Am Schluss seiner „Thesen zu Afghanistan" bettet Helmut Schmidt den Krieg in das umfassendere Verhältnis des Westens zum Islam ein. Es sei von grundsätzlicher Überheblichkeit gekennzeichnet. Da sich die Verhaltensfehler mit den Problemen der demografischen Explosion und der anhaltenden Armut islamischer Staaten über lange Zeit summiert hätten, könnte die Ausübung religiöser Toleranz samt der Überwindung sozioökonomischer Rückständigkeit zum alles überragenden westlichen Jahrhundertprojekt werden. Afghanistan würde darin nur die Funktion eines Vorreiters übernehmen.[170]

Es spricht viel dafür, dass sich diese These bewahrheitet. Umso mehr fragt man sich, woher die Ansätze zur Umsetzung eines solchen Projektes kommen sollen, wenn nicht von dort, wo sie, wenn auch unter größten Schwierigkeiten, praktiziert werden. Das „Nation-Building" wurde bereits im vorangegangenen Abschnitt angesprochen. Doch Schmidt hat eine Aversion gegen das Konzept, vor allem im Zusammenhang mit dem Irak. In seinem instruktiven Gespräch mit dem Historiker Fritz Stern weist er auf den Irrtum hin, das ehemals britische Mandatsgebiet mit seinen nach dem Ersten Weltkrieg willkürlich gezogenen Grenzen für eine Nation zu halten. Die sich gegenseitig bekämpfenden Religionsgemeinschaften, noch dazu unterschiedliche Sprachen sprechend (Kurdisch und Arabisch), bildeten kein Volk, sondern eine höchst heterogene Bevölkerung. Sie nationalisieren zu wollen, sei mehr als grotesk.[171]

Um den Altkanzler vor seinem Zynismus zu bewahren und ihn an das von ihm selber für wahrscheinlich gehaltene Jahrhundertprojekt des Westens zu erinnern, tun wir so, als wäre er, wenn es zum Schwur käme, mit einem Nation-Building einverstanden, jedenfalls soweit es sich als „State-Building" verstünde. Irgendwie muss die Rückständigkeit ja überwunden werden. Die Tatsache, dass ein so findiger Vordenker, der sich mit dem nicht minder versierten Stern zu fast prophetischen Äußerungen über die Geschichte der nächsten Jahrzehnte vorwagt, verhältnismäßig vorsichtig wird, wenn es um die Entwicklung von Ländern geht, die aus der Armut herausfinden sollen, ist bezeichnend. Sie ist eine Folge der Prophetie.

Kraftlose Europäer

Es gehört Mut zum Risiko des Fehlurteils, in einer so unüberschaubaren Sphäre wie der des Politischen Aussagen über die fernere Zukunft zu machen. Auf die Frage Sterns, was aus Europa werde, antwortet Schmidt, er halte es für wahrscheinlich, dass es bis zum Jahr 2050 und darüber hinaus keine gemeinsame europäische Außen- und Sicherheitspolitik gibt.[172] Er kann diese Aussage wagen, weil er sie aus der Existenz vitaler Grundkräfte ableitet. Selbst als schwindende wechseln diese Kräfte nicht von Tag zu Tag, sie kündigen sich auch nicht von heut auf morgen an. Sie sind von langer Dauer.

Stern souffliert seinem Partner aus amerikanischer Sicht, die Erfahrung der beiden Weltkriege habe die Europäer pazifistisch werden lassen. Der Preis dafür bestehe darin, dass sie als machtpolitische Akteure praktisch ausgeschieden seien. Gegen den Vorwurf des Pazifismus oder gar der Feigheit, wenigstens, wenn er an die Adresse der Deutschen gerichtet ist, pflegt sich der Altkanzler mit dem Verweis auf die katastrophale militärische Fehlentwicklung seines Landes in der ersten Hälfte des 20. Jahrhunderts zur Wehr zu setzen.[173] Im Gespräch mit dem Historiker scheint er etwas konzilianter und versucht, dem

Problem mit einer anderen Nuancierung beizukommen, indem er auf die spürbar nachgelassene Vitalität der Europäer abhebt und sie mit den stark gesunkenen Geburtenziffern in Verbindung bringt. Nur auf dem europäischen Kontinent sei dieser kriegsbedingte Kräftenachlass derart ausgeprägt – ein Faktum, das man erstmal hinzunehmen hätte. Der Zusatz Sterns, es sei nicht nur eine Frage der Vitalität, sondern auch der Mentalität – eine Art Kriegsmüdigkeit – lässt erahnen, dass beide Diskutanten auf Dauer nicht mit einem größeren weltpolitischen Engagement der Europäer rechnen.[174] Was bedeuten würde, dass sie für das von Schmidt apostrophierte Jahrhundertprojekt des Westens: Aussöhnung mit den islamischen Staaten und ihre sozioökonomische Förderung, mehr oder weniger ausfallen.

Trotz aller Kritik an der Regierung Bush Jr. tut Stern, der Präsident Obama im Wahlkampf unterstützt hat, den Gedanken an humanitäre Interventionen und an das Nation-Building nicht, wie sein Gesprächspartner, von vornherein als grotesk oder ideologisch ab. Klassische Beispiele für gelungene nationale Entwicklungsprogramme sieht er in Deutschland und Japan nach dem Zweiten Weltkrieg. So lässt das Gespräch der beiden Vordenker Bruchlinien zwischen einer eher amerikanischen und einer eher europäischen Mentalität erkennen, die auf den unterschiedlichen Grad ihrer Vitalität schließen lassen. Bei jahrzehntelang andauernder Schwäche des alten Kontinents fällt dem neuen – und eventuell anderen großen Demokratien – auf längere Sicht die Hauptrolle im Islam-Projekt zu.

Während Schmidts Bilanz und Gesprächsführung den Eindruck erweckt, es sei gut so, dass Europa sich bescheide und auf den Ausbau seiner Institutionen beschränke, ist bei jüngeren Autoren eine gewisse Enttäuschung über den europäischen

Kleinmut nicht zu übersehen. Zwanzig Jahre nach dem historischen Großereignis von 1989 zieht der Journalist Jan Ross eine eigene Bilanz. Vom Wunder der friedlichen Revolution der Ostdeutschen sei nicht viel übriggeblieben. Der Traum der Europäer, Politik und Moral zu versöhnen und sie als die zivilisiertere politische Variante dem amerikanischen Traum gegenüberzustellen, sei zerstoben, der universale Anspruch auf die Verbreitung der demokratischen Freiheitsidee fallengelassen worden. Das müde gewordene Europa versinke in seinen binnenwirtschaftlichen Aktivitäten und grenze sich unfreundlich bis kalt nach außen ab. Sein eigener Traum sei ihm unheimlich geworden.[175]

Von Unfreundlichkeit und Kälte sieht Ross besonders die Abgrenzung gegenüber dem Islam bestimmt. Ähnlich wie Schmidt hält er den Aufbau eines partnerschaftlichen Verhältnisses zu den islamischen Staaten für die größte Entwicklungsaufgabe im 21. Jahrhundert. Doch statt sich dieser Aufgabe zu widmen, verhakten sich die Europäer in kleinlichen Debatten über den Bau von Minaretten und das Tragen von Burkas.[176] Ross will Europa keine Hauptrolle zuschanzen, dafür sei es angesichts der wachsenden Macht des Südens und des Ostens Asiens, die auch Amerika zu spüren bekomme, nicht kräftig genug. Aber es gäbe neben dem positiven Einfluss auf die ökologisch nachhaltige Entwicklung des Globus' noch weitere glanzvolle Nebenrollen zu besetzen – warum nicht die des Exporteurs von Ideen politischer Freiheit? Erst wenn man sich zu solchem Export bekenne, habe man den Anschluss an 1989 wiedergewonnen. Es gelte, sich von der friedlichen Revolution erneut inspirieren zu lassen, umso mehr, als die Machthaber im Iran angesichts des Widerstands der eigenen Bevölkerung fürchteten, von einer neuen samtenen Revolution, diesmal einer hausgemachten, hinweggetragen zu werden.

Was Ross in seinem wohltuend forschen Plädoyer für einen neuen Aufbruch Europas übersieht, sind die von Schmidt und Stern bezeugten Fliehkräfte. Sie ziehen die Europäer langfristig nach unten, berauben sie der Kraft, zu neuen Ufern aufzubrechen. Auch scheint seine Einschätzung von 1989, so sympathisch sie ist, etwas zu pauschal geraten. Es war kein Ereignis mit universellem Freiheitsanspruch. Das mag für die Polen und Tschechen, auch für die Esten, Letten und Litauer gegolten haben, für die Deutschen weniger. Da überwog wohl mehr der Wunsch nach Einigkeit. Nicht „Es lebe die Freiheit" ist als Motto in Erinnerung geblieben, sondern „Wir sind das Volk". Das nimmt den friedlichen Revolutionären nichts von der Einmaligkeit ihrer historischen Leistung. Es zeigt nur, dass ihre Aspirationen nicht universell genug waren, um einen europäischen Traum zu träumen, der den amerikanischen hätte beerben können. Die Möglichkeit dazu sah Ross wegen der enttäuschenden Bilanz der Regierung Bush Jr. als gegeben an. Die Europäer hätten für die Amerikaner in die Bresche springen können, um das nicht nur durch Abu Ghraib und Guantanamo verletzte Antlitz der Freiheit mit neuer Frische zu versehen.

Je wirklichkeitsferner der Traum, desto größer die Enttäuschung, wenn er sich nicht bewahrheitet. Dennoch führt nichts an der Feststellung von Ross vorbei, nur moralische Solidarität untereinander und mit unterdrückten Völkern bewahre die Europäer vor politischer Bedeutungslosigkeit. Wird die Solidarität nicht geleistet, bleibt vorerst nichts anderes übrig, als mit der Unbedeutendheit vorlieb zu nehmen und zu ergründen, wie wir mit der von Schmidt und Stern benannten Bürde der beiden Weltkriege fertig werden sollen. Sie haben in den Köpfen der Nachkriegsgenerationen nicht nur eine militärische, sondern auch eine politische Müdigkeit hinterlassen, ganz besonders bei den Deutschen, die neben den zwei Kriegen zwei

Diktaturen zu ertragen hatten – etwas viel für ein Europa, das zwischendurch auch noch die Diktaturen in Spanien, Portugal und Griechenland verdauen musste.

Gefährdete Deutsche

Dass der Ausdruck von Deutschland als gefährdeter Nation zu einer sperrigen Figur der politischen Diskussion geworden ist, haben wir Schmidts letzten beiden Veröffentlichungen zu verdanken. An seiner außerdienstlichen Bilanz und dem Jahrhundert-Gespräch mit Stern führt so schnell kein Weg vorbei, weil fundamentale Fragen unserer Existenz darin auf eine beunruhigend hellsichtige Weise berührt werden. Vor allem Schmidts tiefer Skeptizismus will verstanden und verarbeitet werden. Folgen wir seinem Resümee, müssen wir von der weithin geteilten Vorstellung Abschied nehmen, die zweite deutsche Demokratie sei so gefestigt, dass ihr nichts passieren könne. Es ist nicht einmal klar, ob sie bisher überhaupt Fuß gefasst hat. Stern ist da wiederum viel optimistischer. Habe nicht die totale Niederlage 1945 die Deutschen gleichsam von ihrer Geschichte abgeschnitten und zur Demokratie bereit gemacht? Keineswegs, so der Altkanzler. Er kontert das Argument seines Partners mit zwei Gegenargumenten. Zum einen erzögen totale Niederlagen keinen Menschen zu staatsbürgerlicher Verantwortung. Die totale Niederlage von 1919 habe dazu geführt, dass niemand der Weimarer Republik Kredit einräumte. Anders hätten die Dinge in Bonn gelegen, doch was die zweite Republik für die Deutschen akzeptabel gemacht habe, sei nicht die erneute Niederlage gewesen, sondern der plötzliche materielle Wohlstand. Zum anderen – und nun folgt ein feinsinniger Hinweis auf den ungeraden Verlauf deutscher Nachkriegsgeschichte – zum anderen habe 1985 der damalige Präsident Richard von Weizsäcker seine Ansprache zum 40. Jahrestag der Kapitulation keine zehn Jahre früher kaum halten können, ohne ausgebuht zu werden. Die Zeit dafür sei einfach noch nicht reif gewesen.[177]

Richard von Weizsäcker mutete den Bundesbürgern zu, den 9. Mai 1945 nicht mehr als Tag der Niederlage, sondern als Tag der Befreiung zu begehen und ihn vor allen Dingen nicht vom 30. Januar 1933, dem Beginn des nationalsozialistischen Regimes, zu trennen.[178] Sein eindringlicher Appell, der Wahrheit der Geschichte ins Auge zu sehen und sie zum integralen Bestandteil der Erinnerung zu machen, ist zurecht als epochal gewertet worden. Dass es vierzig Jahre dauerte, bis seine Worte widerstandslos hingenommen wurden, zeigt jedoch, wie sehr sich Prozesse subjektiver Verarbeitung von schrecklichen Geschehnissen in die Länge ziehen können. Auch nach vierzig Jahren besteht kein Anlass zur Entwarnung. Schon Weizsäcker war nicht gewillt, seinen Zuhörern etwa mit den Worten zu schmeicheln, nun sei alles überstanden. Zum Schluss seiner Ansprache warnte er vor der Einbildung, wir seien bessere Menschen geworden. Und als würde er eine Vorlage für Schmidts späteren Skeptizismus geben wollen, fügte er den Gedanken von der bleibenden Gefährdung des Menschen hinzu.[179]

Wenn es stimmt, dass das demokratische Bewusstsein der Deutschen unglaubwürdig ist, dass es lediglich als Kuppelprodukt des Wohlstandsdenkens in Erscheinung tritt, dann ist es bis zu Schmidts Besorgnis nicht mehr weit, dieses Bewusstsein könne sich mit dem Verlust des Wohlstands wieder auflösen. Spätestens seit 1990 hat die Besorgnis neue Nahrung bekommen. Die Folgen des wachsenden globalen Wettbewerbs im allgemeinen sowie der schwierigen Bewältigung der deutschen Einigung im besonderen haben in der Bundesrepublik zu Restriktionen sozialstaatlicher Leistungen geführt, die schließlich in den Hartz-IV-Gesetzen kulminierten. Durch die diversen Stützungsprogramme der Öffentlichen Hand zur Bekämpfung der Weltwirtschaftskrise 2007-09 hat sich die Aussicht auf eine Verbesserung der finanziellen Situation auf Dauer eher noch verschlechtert. Und da die Krise alle Staaten traf, die europäischen durch die Eurokrise sogar zweifach, und alle mit ähnlichen Maßnahmen gegensteuerten, sieht die Situation woanders nicht viel besser aus. Vor dieser Kulisse ist Schmidts Prophezeiung zu verstehen, dass, wenn in einigen europäischen Nationen der Sozialstaat zusammenbreche, auch die Demokratie nicht länger halten werde. In zahlreichen anderen Ländern sieht er bereits bei einschneidender Reduzierung der Sozialversicherung die Stabilität in Gefahr.[180]

Als unvoreingenommener Leser der beiden Werke wünscht man sich, der Altkanzler möge mit seiner Prophetie eine ähnlich lösende Funktion erfüllen wie die Kassandra Intels. Durch den Alarm, den sie schlägt, kann sie, wie man sah[181], das Unternehmen zwar vor Krisen nicht bewahren, ihnen aber den Stachel nehmen oder gar zu ihrer effizienten Nutzung beitragen. Auf die Bundesrepublik bezogen, hieße das, nach Wegen zu suchen, die aus der Gefahr herausführen, was jedoch zunächst verlangt, sie in ihrem ganzen Umfang zur Kenntnis zu nehmen. Schmidt bezieht in die Gefahrenzone auch die Europäische Union mit ein. Seine Warnungen in Richtung der EU sind mindestens so alarmierend wie die ans eigene Land. Sie potenzieren sich sogar, da die Bundesrepublik als Mitglied der Union doppelt bedroht ist. Wenn die EU zugrunde gehe, sei niemand gefährdeter als die Deutschen, die Schmidt nur so lange für nicht verführbar hält, wie sie fest in den europäischen Institutionen verankert sind. Scheitern die Institutionen, löst sich der Anker, Deutschland würde wieder sich selbst überlassen – die Katastrophe wäre da.[182]

Für Schmidt ist der Europäische Einigungsprozess, an dem er lange an verantwortlicher Stelle mitwirkte, ein historisches Geschenk, ein Wunder, wie das der deutschen Einheit. So schon Kagan. Um so aufmerksamer muss man alles verfolgen, was dem Prozess schaden kann. Was Schmidt in jüngster Zeit beunruhigt, sind, neben der Stabilitätskrise des Euro, einmal die Auswirkungen des Vertrags von Lissabon, der in etlichen Feldern einstimmige Beschlüsse vorschreibt, und das bei jetzt schon mehr als zwanzig beteiligten Regierungen und Parlamenten. Das sei verrückt. Käme es zudem zur Aufnahme der Türkei in die EU, könne es der Anfang vom Ende Europas sein. Als integriertes Mitglied wären die Türken die volkreichste Nation in der EU – heute schon 70 Millionen Menschen, Ende des Jahrhunderts 100. Die Türkei müsste aus den öffentlichen Haushalten der Mitgliedsländer subventioniert werden, um sich zu einem fortschrittlichen Industriestaat zu entwickeln, zugleich würden dank der Freizügigkeit innerhalb der EU statt der momentan 2,5 bald 7 Millionen Türken in Deutschland leben, und dies alles vor dem Hintergrund der gegenwärtig spürbaren Bestrebungen zur Re-Islamisierung der Türkei.[183] Die Aussage überrascht, weil sie mit dem von Schmidt propagierten Jahrhundertprojekt, der durch Toleranz geprägten Förderung islamischer Staaten, kollidiert. Will Schmidt nicht mit sich selbst in Widerspruch geraten, müsste aus seiner Sicht die Förderung durch Unterstützung von außen erfolgen, weil der Weg in die Integration versperrt wäre.

Die ausgesprochene Angst vor einer Islamisierung Europas bringt Schmidt nun doch in einen Konflikt mit sich selber. In diesem Punkt gibt er Fliehkräften nach, die sein nobles Toleranzprojekt diskreditieren könnten.[184] Man müsste ihm nur dann zustimmen, wenn die Deutschen keine ausreichenden Kräfte zur Integration der Türken mobilisieren könnten, was er offenbar stillschweigend voraussetzt. Er scheint seine Pappenheimer allzu gut zu kennen, als dass er ihnen diese Kraftanstrengung zutrauen würde. So folgte man besser seinem vielgerühmten politischen Instinkt[185] und beließe es bei einer auch von der derzeitigen Regierung angestrebten „privilegierten Partnerschaft". Doch wäre es nicht (da man in einem Essay phantasieren darf) viel klüger, alle nur denkbaren Kräfte zur Integration der Türken aufzubieten, nicht zuletzt, um die Sozialversicherung zu stützen und damit den Sozialstaat insgesamt vor dem von Schmidt befürchteten Exitus zu bewahren?[186] So gesehen, würde man der Warnung von Ross, die Sehnsucht der Türken nach Europa nicht länger zu missachten, mehr Gehör schenken müssen. Schon jetzt sei sie merklich zurückgegangen. Ross sieht die Zeit kommen, in der sich die Europäer darüber wundern werden, dass Istanbul am Ende Teheran näherliegt als Wien.[187]

Bei so viel Vorausschau und Zukunftsdeuterei mag es erlaubt sein, für einen Moment den eigenen Blick in die Ferne schweifen zu lassen und zu fragen, ob sich die Nähe Istanbuls zu Teheran, anstatt zu weiterer Sorge Anlass zu geben, nicht irgendwann politisch auszahlen könnte. Es wären zwei islamische Staaten, von denen der eine sich so re-, der andere so de-islamisierte, dass sie sich in einer aufgeklärten Mitte träfen und einem republikanisch orientierten Islam zum Erfolg verhelfen würden. Dass das kein reines Hirngespinst ist, zeigen neuere Analysen.[188] Eine Voraussetzung dafür wäre allerdings die Abwahl der gegenwärtigen Machthaber in Teheran.

Sprießendes Grün

Zu den positivsten Überraschungen der letzten Jahre gehört die Bewegung der „Grünen" im Iran. Öffentlich gegen ein Regime zu protestieren, das den Protest zum Teil mit dem Tod bestraft, dazu gehört mehr als nur eine Portion Mut. Es grenzt an ein längst verloren geglaubtes Heldentum, das hierzulande kaum noch anzutreffen ist.[189] Dieser Mangel ist einerseits auf die desaströse deutsche Geschichte in der ersten Hälfte des 20. Jahrhunderts zurückzuführen[190], andererseits auf den materiellen Wohlstand in der zweiten Hälfte. Der Materialismus macht – ganz in der Schmidtschen Logik – dass wir die demokratischen Verhältnisse ertragen. Zweifelhaft bleibt, ob wir sie notfalls auch verteidigen. Dazu werden uns die beiden unverdauten Diktaturen noch zu sehr im Magen liegen.

Die Vorgänge im Iran und, unter anderen Vorzeichen, auch im Irak geben uns ein lebhaftes Beispiel von Fukuyamas „Nahostdemokratie".[191] Ob die Bürger des einen Landes auf der Straße demonstrieren, oder die des anderen ihr Wahlrecht in Anspruch nehmen, beides geschieht unter Todesdrohungen und nötigt dem unbeteiligten Zuschauer größten Respekt ab.[192] Verblüfft schaut er den mutigen Bürgern, die einen weithin unangestrengten Heroismus exerzieren, zu und schaut auf sich zurück. Und zweifelt vielleicht daran, den eigenen Postheroismus als letztes Stadium fortgeschrittenen demokratischen Bewusstseins anzusehen, ihn gar zu glorifizieren. Beweihräucherung macht meistens blind für andere. Oder taub. Die in Teheran geborene, aber in Deutschland aufgewachsene Soziologin, Saba Farzan, hält selbsternannten Iran-Experten vor, sie hätten die Entwicklung der vergangenen Jahre verschlafen bzw. bewusst ignoriert. Der Iran sei faktisch zu einer Militärdiktatur geworden, mit der ein weiterer Dialog nicht lohne. Angesichts der terroristischen Revolutionsgarden auf der einen Seite und der demokratischen Gegenbewegung auf der anderen fordert sie von der EU die Architektur einer neuen Iranpolitik mit vollständigem Wirtschaftsboykott und politischer

Isolation des Landes.[193] Die deutsch-iranische Autorin kann so fordernd auftreten, weil sie der festen Überzeugung ist, dass die „grüne Bewegung" irgendwann den demokratischen Durchbruch im Iran erzwingen werde. Sie spricht vom „Klang der Freiheit", der sich über das Internet und die Rezeption der Rock- und Rap-Musik in der iranischen Zivilgesellschaft ausgebreitet habe – bis zur Sexualität als Form des Widerstands gegen ein repressives System, das vor der Steinigung von Ehebrechern nicht zurückschreckt. „Leitmotiv" dieser Freiheit sei die Demokratisierung, mit dem Ziel einer rationalen, international verlässlichen politischen Führung.

Farzan ist nicht die einzige, die frohgemut von einem demokratischen Iran ausgeht. Der zur Zeit in Washington Islamkunde lehrende Abdelkarim Soroush, ein Vordenker der Opposition, sieht ähnliche Chancen für den Erfolg der „grünen Bewegung", deren politisches Manifest er mitformuliert hat. Immer noch umstritten, da er bis 1983 Mitglied des Rats der Kulturrevolution war, ist er eine der Persönlichkeiten, der man am ehesten genauere Vorhersagen über die politische Zukunft des Irans zutraut. Obwohl er die Gefahren revolutionärer Romantik der Protestbewegung nicht verschweigt, hält er eine demokratische Wende im Iran innerhalb von ein, zwei Jahren für wahrscheinlich.[194] Es werde aber keine laizistische, sondern eine islamische Republik entstehen, in der der Glaube jedoch nicht zur Schwächung, sondern zur Stärkung der Demokratie beitrage – ein historisches Novum, da Religion und Politik, anders als in demokratischen Staaten üblich, weiterhin vereint blieben.[195]

An der Verlässlichkeit als außenpolitischer Ratio einer solchen Demokratie mag man seine Zweifel haben. Doch, angenommen, Soroushs Voraussagen stellten sich als realistisch heraus, so wäre nicht nur eine politisch-rationale Achse zwischen

Istanbul und Teheran, sondern auch eine zwischen Teheran und Tel Aviv denkbar, was daran liegt, dass demokratische Staaten rationaler miteinander umgehen – trotz eines so gut wie sicheren Festhaltens auch des „grünen" Irans an der nuklearen Option.[196] Doch ganz gleich, wie die Dinge ausgehen und ob die Voraussagen zutreffen oder nicht, das Beispiel an Mut, das der Iran und der Irak den Ländern des Westens schon im Vorfeld gibt, sollte diese irgendwann dazu bewegen, ihre eigene Haltung zum Heroismus noch einmal zu überdenken.

Das Land mit der doppelten Diktatur im Magen müsste den anderen eigentlich darin vorangehen. Es wäre sogar prädestiniert dafür, wenn nur seine beiden Diktaturen, so unterschiedlich sie auch waren, schon verdaut wären. Man brauchte dann nur an die Aktionen des Mutes und der Unerschrockenheit zu appellieren, die die Demonstranten vor gut zwanzig Jahren zuhauf in den Straßen von Leipzig und anderswo gezeigt haben – im vollen Bewusstsein drohender militärischer Intervention. Vielleicht hat der grüne iranische Protest sich insgeheim am klugen Heroismus der Ostdeutschen orientiert. Jedenfalls sind beide Protestbewegungen aufgrund ihres zumeist gewaltlosen Aufbegehrens gegen staatliche Unterdrückung politisch verwandt. Doch anstatt des Stolzes auf eine historische Bravourleistung, regiert zwanzig Jahre danach eher der Katzenjammer – wenigstens unter denen, die sich im weitesten Sinn zu den Bürgerrechtlern zählen. Wegen des Vorherrschens von Gerechtigkeitsvorstellungen vor allem bei den neuen Bundesbürgern fordert etwa Vera Lengsfeld einen Mentalitätswechsel zu mehr Freiheit, damit nicht am Ende das demokratische System noch weiter in Mitleidenschaft gezogen werde.[197] Doch gleichzeitig sehen sich die neuen Bundesbürger einer Diktaturkritik seitens der alten ausgesetzt, die ihrerseits die – nur etwas ferner zurückliegende – eigene Diktatur noch lange nicht verdaut haben. Hier sitzen die Falschen zu Gericht. Sie provozieren dadurch eher Trotzreaktionen bei denen, die, im Rückzug auf die je private Biographie, der Anklage, einer Diktatur gedient zu haben, entkommen wollen.[198] Wie soll unter solchen Verhältnissen im Osten unsers Landes der Freiheitswille wiedererstehen, zumal es dafür im Westen kein richtiges Vorbild gibt?

So wird der Weckruf der Lengsfeld wahrscheinlich ungehört verhallen. Es sieht so aus, als rächte sich nun auch, nach zwei Jahrzehnten Inkubationszeit, die von der SPD durchgesetzte Strategie des „Wandels durch Annäherung", eine Strategie, der die politische Anerkennung des anderen deutschen Staates und zu guten Teilen auch sein – dann gar nicht mehr gewünschtes – Ende zu verdanken ist. Die negative Dialektik dieser Erfolgspolitik[199] dürfte dem Freiheitsbewusstsein der Bundesbürger klammheimlich so zugesetzt haben, dass ihre kritische Aufarbeitung bis heute unterblieb. Zusätzlich hindert uns der „antiheroische Affekt"[200] daran, die samtenen Revolutionäre wenigstens spirituell zu unterstützen.

8.
Täuschendes Tabu

Es gibt kein Geheimrezept für eine gelingende Verarbeitung historischer Prozesse, schon gar nicht, wenn sie sich nachträglich als fatal erweisen. Und wenn man sie am eigenen Leib erlebt hat, braucht man eine Zeit der Besinnung, die sich über Jahrzehnte erstrecken kann (Hermann Lübbe). Für diejenigen, die sie *nicht* am eigenen Leib erlebt haben, scheint es leichter, die Fatalität zu durchschauen, aber offenbar auch leichter, ihr zu verfallen. Wo dies geschieht, ist es mehr als legitim, die Wiederanknüpfung oder gar Verherrlichung von Diktaturen unter Strafe zu stellen, zumal wenn es sich um das Schreckensregime von 1933-45 handelt. Ob es aber auch sinnvoll ist, diese Jahre so komplett zu tabuisieren, dass jeder nur annähernd positive Rückgriff auf sie gesellschaftlich geächtet wird, ist zu bezweifeln. Tabus stellen etwas unter Bann, sie helfen nicht, das, was verbannt werden soll, auch zu durchschauen, selbst wenn die besten Absichten damit verbunden sind.

Kehren wir erneut zum Jahrhundertgespräch der beiden weitsichtigen Disputanten zurück, von denen der eine die Deutschen für gefährdet hält. Gründe dafür – außer denen, die in der Vergangenheit liegen – sucht man bei Schmidt zwar nicht vergebens, aber sie sind verhältnismäßig dünn gesät, weshalb sich so mancher Bewunderer des Altkanzlers bei der Lektüre verdutzt die Augen reiben wird.[201] Man muss schon genauer hinsehen, um auch in der Gegenwart fündig zu werden. Da rügt er die ihm sehr verdächtige deutsche Großmannssucht anderen Nationen gegenüber, wenn es um die Verfolgung bestimmter Politiken geht.[202] Bei dem für beide Gesprächspartner kardinalen Problem, warum die Nationalsozialisten sich so schnell in der deutschen Gesellschaft breitmachen konnten, führt Schmidt als mögliche Teilerklärung die frühen Fortschritte Hitlers in der Beseitigung der Massenarbeitslosigkeit an. Deutschland sei das einzige Land der Welt mit einer erfolgreichen keynesianischen Wirtschaftspolitik gewesen – ein „ökonomisches Kunststück“. Der Einspruch Sterns, die Wiederaufrüstung habe dabei eine entscheidende Rolle gespielt[203], ändert für Schmidt nichts an der Sache selbst. Doch er ist offen genug, seinem Gegenüber zu gestehen, dass, wenn er so etwas öffentlich ausspräche, man ihn in Deutschland für einen „Nazi“ halten würde.[204] Er hätte das Tabu gebrochen.

Es spricht kaum für eine gute Verarbeitung der zwölf fatalen Jahre, wenn privat geäußerte historische Tatsachen nicht in der Öffentlichkeit wiederholt werden können, ohne eine persönliche Verunglimpfung nach sich zu ziehen. Nun, nach der Veröffentlichung der Gespräche als Buch, sind Schmidts Ansichten von allen nachzulesen.[205] Niemand wird dem in der ganzen Welt geachteten und in seinem eigenen Land verehrten Staatsmann einen Strick daraus drehen. Doch wehe denen, die sich nicht solcher Hochschätzung erfreuen!

Unschuld vom Lande

Im Fall der ehemaligen Tagesschausprecherin und Moderatorin Eva Herman folgte der Verunglimpfung der Person das Verbot der Berufsausübung auf dem Fuße. Sie hatte sich in einer beliebten Talkshow des Zweiten Deutschen Fernsehens zu einer Aussage über die zum Teil positive Rolle der Mütter im Nationalsozialismus hinreißen lassen und wurde daraufhin vom Talkmaster prompt aus der Sendung geworfen. Der Verlust ihrer Funktionen im Norddeutschen Rundfunk (NDR) war eine Angelegenheit von Tagen. Es half ihr nichts, dass sie sich unverzüglich gegen Vereinnahmungsversuche von der falschen Seite gewehrt, auch nichts, dass sie sich seit Jahren vom NS-Regime distanziert hatte. Sie musste gehen.[206]

Den Vergleich der Äußerung eines Staatsmannes mit der einer TV-Moderatorin werden manche für frivol halten, er bietet sich aber geradezu an, um den Grad des Tabus zu ermessen, dessen Verletzung gleich beide zu Nationalsozialisten abgestempelt hätte, wäre nicht der eine von ihnen durch sein hohes Ansehen davor gefeit. Aber wie misst man die Stärke eines Tabus? Es ist ein Messproblem, an dessen Lösung wir ohne die Erinnerung an einen Dichter scheitern würden. Zum Glück vergab die Stadt Düsseldorf am Rhein vor mehr als dreißig Jahren den Heinrich-Heine-Preis an den bedeutenden Historiker, Sebastian Haffner. Er bekam ihn für sein Buch „Anmerkungen zu Hitler", in dem er neben den Fehlern und Verbrechen des Diktators seine Leistungen und Erfolge erwähnte. Unter letzteren nimmt das „Wirtschaftswunder" einen großen Raum ein.[207] Haffner ist Schmidt darin also Jahrzehnte vorausgegangen. Im Unterschied zu ihm hat er jedoch damals nicht fürchten müssen, als „Nazi" verschrien zu werden. Im Gegenteil, die Düsseldorfer Jury pries das Werk des Autors für seine „>Originalität und Klarsicht<" und versprach sich von ihm einen wertvollen Beitrag zum Verständnis der unheilvollen Jahre, wie auch der Gegenwart.[208]

Angesichts der radikalen Reaktionen auf die Äußerungen Hermans dürfte eine Neuauflage der Düsseldorfer Preisverleihung für ein vergleichbares Werk ziemlich unvorstellbar geworden sein.[209] Der Grad der Tabuisierung hat mit der zeitlichen Distanz zu den Ereignissen nicht ab-, sondern zugenommen. Je weiter wir davon entfernt sind, desto mehr laufen wir Gefahr, bei einem einzigen falschen Wort ertappt zu werden und ins Unglück zu stürzen. Warum im öffentlichen Diskurs die

Gelassenheit der rheinischen Jury verlorengegangen und durch ein inquisitorisches Verhalten ersetzt worden ist, dafür gibt es eine Reihe von Gründen[210], von denen hier stellvertretend die Selbstgewissheit von NS-Experten genannt sein soll. In der besagten Talkshow, aus der Eva Herman herausflog, trat Wolfgang Wippermann als ein solcher Experte in Erscheinung.[211] Auf die Frage, ob etwas am NS-System gut gewesen sein könnte, gab er eine eindeutig negative Antwort. Man müsse das NS-Regime von seinem Ende aus betrachten. Erst dann könne man es richtig einschätzen. Aus retrospektiver Sicht sei alles von Anfang an auf den Schrecken programmiert gewesen, egal, ob es um die Wirtschafts- oder die Familienpolitik ging. Sich auf die Positivität einer besonderen Mutterrolle zu beziehen, sei deshalb unstatthaft. Damit versetzte er der beim Publikum beliebten Nachrichtensprecherin quasi den Todesstoß.[212]

Was den Zeithistoriker so selbstbewusst machte, war sein wissenschaftlich begründetes Wissen. Das gab ihm die Gewissheit, auf der richtigen Seite zu stehen. Da die Regie der Sendung keinen zweiten Wissenschaftler vorsah, der Wippermann hätte in die Parade fahren können, hatte dieser leichtes Spiel.[213] Was wäre es für ein Augen- und Ohrenschmaus geworden, wenn die gütigen Götter Haffner kurz zum Leben erweckt hätten, um ihn für die Zeit der Talkshow in die Rolle des Kontrahenten von Wippermann schlüpfen zu lassen. Der Heine-Preisträger hätte ihm voraussichtlich mit dem Hinweis auf die Leistung geantwortet, die er für die größte Hitlers hielt: dass es ihm schon 1938 gelungen sei, die große Mehrheit derjenigen auf seine Seite zu ziehen, die 1933 noch gegen ihn gestimmt hätten (also schon vor Beginn des Krieges mit seinen ersten, die Welt beeindruckenden Blitzsiegen). Doch Haffner wäre kritisch genug gewesen, hinzuzufügen, dass gerade diese Leistung für die meisten Älteren heute beschämend, für die Jüngeren aber unverständlich sei. Was damals in den Menschen vorging, könne man nur dann verstehen, wenn man sich in ihre Lage versetze. Sie reagierten, als hätte ihnen die zu sichtbaren Verbesserungen führende Politik Hitlers die Sprache verschlagen. Es hätte außerordentlichen Weitblicks bedurft, um in seinen Erfolgen schon die Wurzeln der kommenden Katastrophe zu erkennen und außerordentlicher Charakterstärke, sich von den Erfolgen nicht beeindrucken zu lassen.[214]

Um eine Antwort wäre Wippermann gewiss nicht verlegen gewesen. Er hätte Haffners Argumente vielleicht sogar bekräftigt, aber zugleich darauf bestanden, dass, was für die Leute damals galt, für uns heute, die wir inzwischen wissen, wie die Geschichte ausging, nicht mehr gelten dürfe. Einer öffentlich auftretenden Moderatorin dürfe es schon gar nicht erlaubt sein, hinter die Erkenntnisse der NS-Forschung zurückzufallen, damit sie kein schlechtes Beispiel gebe. Was Haffner wiederum darauf erwidert hätte, mag im Dunkeln bleiben. Wir möchten ihn den Göttern nicht zu lange entreißen, indes so tun, als wollten wir an seiner Stelle Rede und Antwort stehen. „Wir" – das ist der mutmaßliche Zuschauer am Fernsehschirm, der den Eindruck gewann, als besäße Wippermann höchstselbst jene Weitsicht und Charakterstärke, die Haffner zufolge den Menschen damals gerade fehlte. Es ist genau diese Haltung, die Haltung des nachträglich alles besser Wissenden, die es heute den Jüngeren praktisch unmöglich macht, mit den Älteren ins Gespräch zu kommen. Der Kollateralschaden des wissenschaftlichen Erfolgs besteht darin, dass er zur Sprachlosigkeit zwischen den Generationen führt, oder in von Haffner geborgten Worten: Wo Unverstand auf Beschämung trifft, kann es kein gemeinsames Verständnis geben, sondern nur gegenseitige Verurteilung. Aus dem notwendigen Dialog wird reines Gezänk.

Zur reinen Narretei artet der Dialog aus, wenn sich die Nachgeborenen untereinander falscher Gesinnung bezichtigen. So wurde die Herman durch ihr eher unschuldiges Geplauder vom Talkmaster und seinem Wissenschaftsgehilfen – einer selbstgewisser als der andere – in die Ecke getrieben. Dabei hätte es, wenn das Tabu etwas gelockert worden wäre, eine Sternstunde des deutschen Fernsehens werden können.

Verworfene Wahrheit

Dazu hätte es nicht einmal der Anwesenheit Sibylle Tönnies' bedurft, obwohl es für den Zuschauer amüsant gewesen wäre. Die angesehene Potsdamer Professorin hat, da von einer großen Kinderschar gesegnet, gegen ein Mutterkreuz als Anerkennung mütterlicher Lasten im Zweifelsfall nichts einzuwenden.[215] Doch auch ohne solche muntere Einlassung wäre es spannend geworden, vorausgesetzt, man hätte sich erneut auf Argumente des Düsseldorfer Preisträgers bezogen. Er erwähnt in seinen „Anmerkungen" einige große gesellschaftliche Veränderungsprozesse, die sich vom Kaiserreich über die dreißiger Jahre bis in unsere Zeit erstreckten und von denen fälschlicherweise angenommen werde, sie seien von Hitler aufgehalten oder torpediert worden, darunter die Umwälzung der Sexualmoral und die Frauenemanzipation. Letztere habe der Nationalsozialismus zwar verbal abgelehnt, sie aber, vor allem in der zweiten Sechs-Jahres-Periode des Regimes, faktisch und mit offizieller Billigung vorangetrieben. Niemals seien Frauen in so viele Männerberufe vorgedrungen wie im Zweiten Weltkrieg – eine Errungenschaft, die selbst bei einem Überleben Hitlers Bestand gehabt hätte. Und was die Sexualmoral betrifft, so hätten sich die Auffassungen von christlicher Pflicht und bürgerlichem Anstand in den dreißiger Jahren ebenso wenig halten können wie schon in den Zwanzigern – trotz der amtlichen Bekundungen von deutscher Zucht und Sitte.[216]

Die Argumentation Sebastian Haffners mag viele vor den Kopf stoßen, aber gerade das würde die Diskussion über die zwölf Jahre aus der Selbstgewissheit bestimmter Standpunkte herausführen und wieder öffnen für andere, bislang kaum wahrgenommene Positionen. Wäre eine von Haffner instruierte Herman aufgetreten und nicht sofort unterbrochen worden, dann hätte sie sogar den Spieß umdrehen und Front gegen jene Frauen machen können, die sie von vornherein des Faschismus' verdächtigten. Zumindest hätte sie sie ins Grübeln darüber bringen können, wie es denn tatsächlich um Moral und Emanzipation bestellt sei. Selbst wenn man hinterher zu dem Ergebnis gekommen wäre, dass es sich nicht lohne, bei der Suche nach einer neuen Weiblichkeit auf Traditionen der dreißiger und vierziger Jahre des vergangenen Jahrhunderts zurückzugreifen, hätte der Zuschauer wenigstens etwas aus der Talk-Sendung dazugelernt. So aber hat er nur erfahren, dass alles, was unter Hitler geschah, a priori schlecht war – eine wissenschaftliche Erkenntnis, die, gerade, weil gegen sie erstmal nichts einzuwenden ist, jeden Teilnehmer der Diskussion verstummen lässt.

Eva Hermans frohgemuter Aufruf zu neuer Weiblichkeit und mütterlicher Verantwortung war, zumal sie ihn mit einem ebenso fröhlichen Bekenntnis zu christlicher Religion verband, für die bundesdeutsche Öffentlichkeit schwer zu verkraften.[217] Es gab kaum öffentliche Zustimmung.[218] Die Resonanz war überwiegend negativ, stellenweise gehässig. Der Aufruf widersprach zu sehr längst eingeschliffenen Gepflogenheiten, als dass er mehr als eine Augenblickswirkung erzielen konnte. Herman hätte ihn wegen der von Haffner betonten Langzeitentwicklung in einer Epoche weit vor Nationalsozialismus und

Kaiserreich verankern müssen, um auf ein sichereres Fundament zu stoßen. Nur wäre der Eklat dann ausgeblieben. Der lieferte uns, wie nebenbei, ein Symptom für den psychischen Zustand des medialen Milieus. Interessanterweise hat sich auch aus dem der Migranten keine Zustimmung vernehmen lassen. Dabei hätte der Aufruf dort, wenigstens unter Musliminnen, eine positive Reaktion hervorrufen können. Es bleibt ein Traum, solche Diskussionen möchten sich zwischen den Kulturen irgendwann einmal ergeben.

Die neue, von Innenminister de Maizière einberufene Islam-Konferenz wäre der richtige Ort für seine Verwirklichung. Die alte, noch vom damaligen Amtsinhaber Schäuble geleitete, litt unter anderem auch am avancierten Feminismus von Islam-Kritikerinnen muslimischer Herkunft. Angesichts ihres Lebenswegs ist man hin- und hergerissen zwischen uneingeschränkter Bewunderung und großer Enttäuschung – Bewunderung für den Mut, angesichts nicht selten drohender Ehrenmorde die eigenen Familienbande zu verlassen, um sich eine selbstständige Existenz aufzubauen, Enttäuschung über die Radikalität, mit der sie sich von ihrer Ursprungskultur entfernen. Offensichtlich lässt der extreme Druck in muslimischen Familien den Frauen, die sich daraus lösen wollen, keine andere Wahl. Doch so geraten sie von einem Extrem ins andere, und die geradezu traumhafte Chance, zwei unterschiedliche Kulturen voneinander lernen zu lassen, wird vertan.

Um den Sachverhalt zu verdeutlichen, greifen wir noch einmal auf die von Haffner angesprochene Umwälzung der Sexualmoral mit ihrem Einfluss auf den Verfall christlicher Werte zurück. Herman lässt in ihrem „Eva-Prinzip" einen Mann zu Wort kommen, der sich darüber beklagt, dass die für ihn typisch weiblichen Tugenden wie Anmut und Reinheit bei Frauen von heute nicht mehr anzutreffen seien.[219] Hier wäre

– beispielsweise – ein Anknüpfungspunkt für die muslimische Moral jungfräulicher Reinheit gegeben. Sie könnte uns lehren, dass mit dem Verlust dieser Moral nicht nur die Reinheit selbst, sondern auch das verlorengeht, was der von Herman zitierte Mann beklagt, die Anmut. Beides sind freilich Tugenden mit religiöser Färbung, die ihre Wirkungskraft mit der Religion einbüßen.[220] Wer, wie die Islam-Kritikerinnen, mit dem Familienverband auch seine muslimischen Wurzeln aufgibt, weil ihnen in letzter Instanz die Unterdrückung der Frau angelastet wird, kann sich für solche Tugenden verständlicherweise nicht erwärmen. So hält man vergebens nach einer Versöhnungsgeste von dieser Seite Ausschau und sieht damit zugleich eine Quelle kultureller Integration verstopft.[221]

Geringe Hoffnung also für das Wiederbeleben einer Tradition, die es den Anhängern der revolutionären Sexualmoral erleichtern könnte, sich der verlorenen Werte wenigstens noch zu erinnern. Schon lange, bevor die vergangene Figur der Weiblichkeit öffentlichkeitswirksam entmachtet wurde, war sie vom Thron gestoßen worden.[222] Die Macht des Feminismus betört inzwischen auch die Männer[223] – sogar selbst sonst eher härter gesottene Politiker, darunter bedauerlicherweise auch solche, die sich an verantwortungsvoller Stelle für eine bessere Integration der Migranten einsetzen. So lobenswert ihr Einsatz ist, so kurzsichtig ist er wiederum, da er das feministische Selbstbestimmungsrecht zum ausschließlichen moralpolitischen Maßstab auch von Migrantinnen erhebt[224] und im gleichen Atemzug muslimische Erziehungsideale wie Reinheit und Gehorsam schlicht verwirft. Ohne es zu wollen, graben sich diese Politiker selbst das Wasser ab.[225] Sie vergeben gleich eine doppelte Chance: zum einen die Migranten, zum anderen die indigene Bevölkerung zielsicherer zu integrieren. Diese hat sich von den Grundlagen ihrer eigenen Kultur bereits so weit entfernt, dass man auch da von einer Desintegration sprechen kann. So bleiben fast nur noch Klöster, halb verlassene Kirchen und jene anti-revolutionären „Wahrheitssucher" als Hoffnungsträger übrig, die sich schon vor Jahren in den USA zusammengefunden haben – allerdings mit Ausstrahlung bis nach Europa.[226] Nicht auszuschließen auch, dass sich in der Karwoche, wenn an den unterschiedlichsten Aufführungsorten Bachs Matthäuspassion gegeben wird, der eine oder andere bei der Arie „Mache Dich, mein Herze, rein" auf die so rasch verworfenen Tugenden wenigstens musikalisch zurückbesinnt.

Gnade dem Grafen!

Unterdessen ist neben der Figur vergangener Feminität eine weitere ihres Throns beraubt worden – der Attentäter Hiltlers, Graf Stauffenberg. Hatte man zwischenzeitlich denken können, er habe sich rehabilitiert und sein Attentat werde endlich auch von breiteren Kreisen der Bevölkerung als historisch notwendige Aktion verstanden, so muss er sich in jüngster Zeit postum den Vorwurf falschen Heldentums gefallen lassen, da es ihm an aufrechter demokratischer Gesinnung gefehlt habe.

Wann der Umschwung einsetzte, ob es sich überhaupt um einen Umschwung handelt, oder nicht eher um die Umbesetzung eines nach wie vor bestehenden Ressentiments, lässt sich nur schwer sagen. Feststeht, dass viele Deutsche den Grafen bis zum Beginn der sechziger Jahre des vergangenen Jahrhunderts noch als Vaterlandsverräter und Eidbrecher betrachteten. Erst danach schien sich langsam ein milderes Urteil über ihn durchzusetzen, das in der Zwischenzeit wieder einem strengeren gewichen ist. Ein deutliches Zeichen dafür war die in den neunziger Jahren kursierende Ausstellung über die Wehrmacht. Deren Verbrechen rechnete man den Offizieren des Widerstands

relativ umstandslos mit an. Gräfin Dönhoff kritisierte damals
die der Ausstellung und dem Begleitbuch zugrundeliegende
Denkhaltung als „Selbstgerechtigkeit der Nachgeborenen".[227]
Schon 1994 hatte Joachim Fest sein nicht eben schmeichelhaftes Urteil gefällt, die deutsche Öffentlichkeit hätte sich nie so
recht mit dem Widerstand gegen Hitler befreunden können.[228]
Dass sie ihm jetzt das Attentat wegen mangelnden Demokra-
tieverständnisses streitig macht, ist deshalb eher bezeichnend
für ein anhaltend distanziertes Verhältnis, das lediglich eine
zeittypischere Ausdrucksform gefunden hat.

Von Eidbruch und Verrat über die Mitschuld an Wehrmachtsverbrechen bis zur Gesinnungsfrage – die Vorwürfe
erstrecken sich mittlerweile vom militärischen bis in den politischen Bereich. Man kann die neuerliche Distanzierung vom
Widerstand als Zuspitzung desselben Tabus verstehen, das
auch Eva Herman zum Verhängnis wurde. Es tabuisiert nicht
nur undemokratische Auffassungen, sondern auch die Taten
derer, die sie an den Tag legen, wobei eine direkte Beziehung
zwischen beidem unterstellt wird – nach der Logik: Wenn
Stauffenberg kein Demokrat war, kann auch sein Attentat
nichts wert gewesen sein. Das Tabu verbietet es, zwischen der
politischen Anschauung eines Menschen und seinen Handlungen zu unterscheiden. Es lässt nicht zu, dass jemand alle seine
Makel verliert, der, sagen wir, durch eine couragierte Aktion
mehrere Menschenleben rettet. Für einen heroischen Befrei-
ungsschlag, der das Gewissen reinigt, ist im Tabu kein Platz,
weil es, wie oben schon beschrieben, retrospektiv die gesamten
zwölf Jahre des Nationalsozialismus ins Abseits stellt. Da das
Regime von Anfang an auf Schreckensverbreitung programmiert war, kann es in ihm kaum eine gute Tat gegeben haben,
es sei denn, sie wäre von einer Person mit unzweifelhaftem
republikanischen Leumund begangen worden.[229]

Nirgendwo sieht man besser als an diesem Punkt, wie sehr die retrospektiv urteilende Historiografie durch eine prospektive ergänzt gehört, um den geschichtlichen Akteuren Gerechtigkeit widerfahren zu lassen. Sie muss sich auf deren Augenhöhe begeben. Im Fall Stauffenbergs ging es nicht um ein oder zwei, sondern um Millionen Menschenleben, die er, wäre sein Attentat von Erfolg gekrönt gewesen, vor dem Tod bewahrt hätte, weil der Krieg sich nicht mehr monatelang hingezogen haben würde. Seltsamerweise findet auch das keinen nennenswerten Niederschlag in der heutigen Beurteilung. Selbst der ebenfalls mit Preisen bedachte englische Historiker, Richard Evans, dem eine dreibändige Geschichte über „Das Dritte Reich" zu danken ist, knausert an dieser Stelle mit seiner Anerkennung. Zwar räumt er ein, dass allein die Rettung von Millionen Menschen Stauffenberg genügend Legitimität für seine Tat verschafft habe[230], da das Attentat aber misslang, müsse man den Attentäter in jeder Hinsicht als gescheitert betrachten: nicht nur militärisch und moralisch, sondern schließlich auch politisch. Für die modernen Nachkriegs-Demokratien sei der deutsche Widerstand ohne jeglichen Nutzen.[231]

Keine Gnade also für den Grafen. Eher müsste es, wenn es möglich wäre, die Zeit zurückzudrehen, heißen: Gnade ihm, dass er zur Tat schreitet! Der Literaturwissenschaftler Karl Heinz Bohrer wettete in seiner Antwort auf die Thesen von Evans darauf, dass die deutschen Anhänger der darin zum Ausdruck kommenden political correctness das Attentat damals gewiss missbilligt hätten. Auch wenn Stauffenbergs preußisch-deutscher Patriotismus uns heute fremd geworden sei, dürfe man dem Attentäter die historische Würde seiner Tat nicht nehmen. Anstatt sein undemokratisches Gebaren philiströs auf den Nutzen für uns heute abzuklopfen, müsse man mehr Sensibilität für die Lage im Sommer 1944 entwickeln, in der sich der NS-Staat aus der Völkergemeinschaft verabschiedete. Der 20. Juli sei deshalb eine Heldentat in einem Land gewesen, das sich leider noch nicht in dem glücklichen Zustand befunden hätte, der nach Brecht keine Helden mehr nötig hat. Ähnlich Haffner beurteilt Bohrer die Ereignisse aus der geschichtlichen Situation heraus, er schließt sie nicht mit der heutigen kurz. Und er beharrt darauf, dass, selbst wenn uns Patriotismus und Heldentum inzwischen nichts mehr sagten, die Widerständler über eine Tugend verfügten, die wir in unserer aktuellen Lage dringend gebrauchen könnten. Es ist die Zivilcourage. Mit dem Historiker Hans Mommsen erinnert er zudem an die Charakterstärke und Noblesse der Leute, die dem Widerstand angehörten, d.h. an Vorzüge, die jenseits jeglicher Gesinnungsschnüffelei über das Heute hinaus Bestand haben. Von den korrekten postheroischen Kritikern des Grafen würde man Vergleichbares gar nicht erst fordern wollen.[232]

Was an der Debatte mehr als verstörend wirkt, ist, dass sie nicht allein zwischen Deutschen stattfindet und sich damit auf die Nachgeborenen der Nationalsozialisten beschränkt. Aufgrund unseres Bewusstseins, die schwere Verantwortung für die Untaten des Regimes tragen zu müssen, sind Überreaktionen immer möglich und verständlich. Aber dass ein englischer Historiker ähnlich überreagiert, ist sehr bedenklich. In seiner positiven Besprechung des 3. Bands der „Geschichte des Dritten Reiches" vermutet Volker Ulrich, in Evans' Urteil spiegele sich noch etwas von der Haltung der britischen Regierung im Krieg wider. Da hatte die militärische Opposition gegen Hitler einen äußerst schweren Stand. Über den Grund für diesen Rückfall lässt uns der Rezensent im Dunkeln.[233] Offenbar hat sich die Geschichtswissenschaft auf der Insel zum Teil ähnlich entwickelt wie die auf dem Kontinent, zumindest wie bestimmte Strömungen hierzulande. Jedenfalls ist es doppelt bitter für den Attentäter, dass seine Tat nun nicht nur im eigenen Land, sondern auch im Ausland erneut in Zweifel gezogen wird. Zur großherzigen Einschätzung Churchills kurz nach dem Krieg, es habe sich beim deutschen Widerstand um herausragende, charakterstarke Köpfe gehandelt, denen man für alle Zeit ein ehrenvolles Andenken bewahren müsse, kann sich sein Landsmann offensichtlich nicht mehr durchringen.

Wertvoll, zu wissen, dass sich angesichts der weit verbreiteten Fehleinschätzungen wenigstens die Bundesregierung längst der Ansicht des früheren englischen Premierministers angeschlossen hat. Der 20. Juli 1944 firmiert als feste Größe unter den offiziellen deutschen Gedenktagen. Auch die an diesem Tag abgehaltenen öffentlichen Gelöbnisse der Rekruten der Bundeswehr sind längst zur Tradition geworden und inzwischen von der Gedenkstätte des Widerstands, dem Bendlerblock, vor den Reichstag verlegt worden, um dem Ereignis den ihm gebührenden republikanischen Rang zu verleihen. Dass sich das in absehbarer Zeit ändern könnte, ist nicht zu erwarten. Doch die Sorge, der Tag würde irgendwann einmal aus dem offiziellen Festtagskalender gestrichen werden, wenn eine neue, selbstgerechtere Generation von Politikern die Szene betritt, ist nicht ganz unbegründet. In einer ihrer letzten Reden zum Thema hielt es keine Geringere als Gräfin Dönhoff für wahrscheinlich, dass irgendwann die Erinnerung an die Widerständler völlig verblassen werde.[234] Dann würde jene andere, ebenso mögliche, aber ungewünschte und darum hier nicht weiter verfolgte Spielart der Hi-Society zum Tragen kommen: die gedächtnislose Gesellschaft.

9.
Neoklassische Heroismen

Ganz offensichtlich spielt in den Disput um den 20. Juli der oben schon zitierte antiheroische Affekt hinein. Da der Holocaust von Anfang an geplant war, fällt jeder heroische Akt, der in der gleichen Zeit erfolgte, selbst der, der vor weiterem Unheil bewahren wollte, dem vernichtenden Urteilsspruch historischer Retrospektion anheim. Nicht einmal die Tatsache, dass die Akteure für ihre Tat mit dem Leben bezahlten, nicht einmal ihre Erschießung vermag etwas an der negativen Bewertung zu ändern.

In seinem Buch über das Leben des Generals von Hammerstein-Equord hat Hans Magnus Enzensberger Leuten, die diese Bewertung teilen, vorgeworfen, sie litten unter einer Geisteshaltung, die fast an „>moral insanity<" grenze.[235] Da man sehr schnell in Untiefen der Diskussion gerät, wenn man Positionen seiner Gegner für krank oder ungesund hält, muss man vielleicht nicht ganz so weit gehen wie Enzensberger, seine Kritik ist trotzdem treffend. Uns ist das moralische Urteil über Heldentaten der Vergangenheit gänzlich abhanden gekommen. Das betrifft nicht nur militärische Handlungen – diese allerdings ganz besonders – sondern auch politische. Ein Mann wie Bismarck, an dessen Kunst, sich Gegner zu Verbündeten zu machen, heute außerhalb Deutschlands wieder angeknüpft wird[236], findet zwar eine gewisse Anerkennung bei Schülern aus der Bundesrepublik, doch der Titel eines Helden wird ihm versagt. Um ihn zu verdienen, hätte Bismarck die demokratische Entwicklung in Deutschland voranbringen müssen, statt sie zu behindern oder gar – überzeugter Antidemokrat, der er gewesen sei – zurückzuwerfen.[237] Das Beispiel verdeutlicht, dass längst nicht mehr nur die Jahre 1933-45 mit der Elle der Demokratieförderung gemessen werden, potenziell wird die gesamte deutsche Geschichte nach ihrem Nutzen für den demokratischen Fortschritt beurteilt.

Man könnte mit diesem Bewertungsmaßstab leben, wenn die sich als postheroisch verstehenden modernen Demokratien keines Heroismus mehr bedürften, wenn sie sozusagen aus dem Gröbsten herauswären. Das Problem wachsender Gewalt im Innern und die politisch-militärischen Herausforderungen globaler Art von außen erfordern indes einen neuen Heroismus, auf den die Gesellschaft nicht ausreichend vorbereitet ist, da sie sich noch in dem Gefühl der Sicherheit des Erreichten wiegt. Ob die Bilanz des Altkanzlers etwas daran ändert, bleibt abzuwarten. So oder so müsste an die Stelle des Gefühls der Sicherheit das einer produktiven Verunsicherung treten, um die von Schmidt bezeichnete Zone der Gefährdung nach und nach zu verlassen. Auf welche Werte aber darf sich ein neuer Heroismus stützen, welche Tugenden darf er preisen, ohne dem Verdikt selbstbewusster Demokraten zu verfallen, denen schon der Begriff verdächtig ist? Dabei hält die vergangene Geschichte, gerade auch die nicht-demokratische, Beispiele genug bereit, die Orientierung bieten.[238]

Noblesse oblige

Das erste Beispiel von Belang führt uns Haffner vor Augen. Er braucht nicht lange zu suchen, um es genau dort zu finden, wo der gute Demokrat von heute nur falsches Heldentum entdeckt – im preußischen Militäradel. Ausgerechnet! In der Besprechung eines Buches Kunraths von Hammersteins, eines Sohnes des erwähnten Generals von Hammerstein-Equord, stellt Haffner Glanz und Elend dieser Adelsklasse dar. Sie sei, wenn nicht die einzige, so bestimmt die stärkste staatsbildende Kraft in der Geschichte Deutschlands gewesen: stark an all den Tugenden, die für Aufbau und Erhaltung eines Staates notwendig sind – vom Herrschaftswillen über Selbstsicherheit und -disziplin bis zu Moral, Gewissen und Überzeugungskraft. Zwei Jahrhunderte lang hätte dieses Bild Bestand gehabt, bis es 1806 angesichts der napoleonischen Eroberungen in eine Krise geraten wäre, aus der man aber mit Bravour wieder herausgekommen sei. Seine Brüchigkeit habe sich erst danach, im Zweiten Kaiserreich, ergeben, wo an die Stelle der Selbstdisziplin Tendenzen von Selbstzufriedenheit und Selbstbeweihräucherung getreten seien. Während der Weimarer Republik dann habe man sich in der Reichswehr abgekapselt, einen Staat im Staate gebildet, um darauf ins Dritte Reich hineinzuschlittern, samt fast all denjenigen, die schließlich mit ihrem späteren Entschluss zum Widerstand gegen Hitler die Ehre des ganzen Standes wiederhergestellt hätten.[239]

Wiederherstellung der Ehre – das war, so Haffner, das Entscheidende. Da der Militäradel seine Rolle als Führungsschicht im Nationalsozialismus bereits verspielt hatte und sich dessen immer stärker bewusst wurde, ging es ihm beim Widerstand gegen Hitler gar nicht in erster Linie um Hochverrat, sondern darum, die verlorene Führung symbolisch wiederzugewinnen. Der 20. Juli sei daher von Anfang an zum Scheitern verurteilt gewesen. Dass er angesichts der Aussichtslosigkeit der Lage überhaupt stattfand, war die herausragende Leistung derjenigen, die ihn wagten. Damit retteten sie nicht nur die ganze Innung, sondern setzten zugleich ein vor allem von Henning von Tresckow gefordertes Zeichen für die Zukunft eines jeden deutschen Staatsgebildes, das aus dem Schreckensregime hervorgehen würde.

Haffner vergisst nicht, die anderen am Widerstand beteiligten gesellschaftlichen Gruppen zu erwähnen, betont aber, dass die adligen Offiziere den Kern der Verschwörung gestellt hätten. Nur ein kleiner Kern dieses Kerns wiederum habe schließlich den entscheidenden Stoß führen wollen. Zwar lese sich die Totenliste des 20. Juli nicht wie ein Auszug aus dem Gotha[240], aber der Anteil des Militäradels sei nicht zu übersehen gewesen.

Ist das Herausstreichen einer Klasse oder eines Standes, dem spätestens 1918 sein Nimbus abhanden gekommen war, schon erstaunlich genug, so muss die Folgerung, die der mit dem Heine-Preis Geehrte aus den Ereignissen zieht, noch mehr erstaunen. Sie ist etwas versteckt, doch sie entgeht dem Leser nicht. Zur Not wird er selbst in der Lage sein, den Argumentationsfaden weiterzuspinnen. Haffner sieht nämlich außer der genannten Führungsschicht keine weitere, die staatstragend agieren könnte. Weder in der Bundesrepublik, noch in der damaligen DDR scheint er fündig zu werden.[241] Wenn aber die einzige Führungsschicht von Belang, die sich längst selber ausmanövriert hatte, erschossen oder erhängt wird, ist niemand in Sicht, der das Staatsschiff sicher vor dem Schlingern bewahren könnte.

Zum Glück müssen wir heute nicht mehr ganz so schwarz sehen, da die nun vereinten beiden deutschen Staaten inzwischen auf eine Reihe von tatkräftigen Führungskräften zurückblicken können. Der Altkanzler ist selbst das beste Beispiel dafür. Doch liest man Haffner und Schmidt parallel, gerät man hier und da ins Grübeln und kommt nur schwer daran vorbei, die Diagnosen dieser so unterschiedlichen Autoren in Beziehung zu setzen. Was, wenn der ausgestorbene preußische Militäradel und seine Missachtung in der modernen Demokratie einen Fingerzeig in Richtung ihrer Gefährdetheit wiese?

Dass wir eine so großartige Tat wie das Attentat des 20. Juli nicht mehr richtig schätzen können, nein, nie richtig schätzen konnten, ist auch eine Konsequenz unserer Geringschätzung von preußischer Aristokratie und Monarchie. Ohne eine historische Versöhnung mit ihren guten, ja, mit ihren edlen Seiten müssen wir, um tragfähige Vorbilder zu finden, mehr als nötig in der Geschichte herumstochern.[242] Nur gut, dass wir in der Zwischenzeit an heroischen Widerstandsformen der iranischen Grünen lernen können, wie wir uns zu verhalten hätten, wenn sich die Lage in unserem eigenen Land jemals wieder gefährlich zuspitzen sollte.

„Die Poesie ist die Säugamme der Frömmigkeit"
(Johann Franck)

Peter „van" Sloterdijk

Wie gering die Chancen auf eine Versöhnung mit dem Adel sind, geschweige denn mit dem der preußischen Offiziere, zeigt die Proklamation einer neuen Ethik, die derzeit auf ein großes Echo stößt. In seiner weitläufig angelegten, im ganzen sehr gelassen und ohne Eifer argumentierenden Studie überrascht der einflussreiche Philosoph und Hochschulrektor aus Karlsruhe, Peter Sloterdijk, mit einem Gefühlsausbruch, der sich gegen die gesamte alteuropäische Gesellschaftsordnung richtet – mit dem Hof von Versailles als der Spitze des Eisbergs. Der nah an Nietzsches Übermensch operierende Leistungsethiker affektiert sich über die, wie er es nennt, wahre Sünde der europäischen Höfe, die nicht in ihrer Christianisierung, sondern in ihrem – so wörtlich – „Teufelspakt" mit dem alten Ständesystem liege. Dieses habe sich in seiner Verblasenheit statt auf Leistung auf nichts als ererbte Rechte zurückgezogen und sei so als chronische Schande in die Geschichte Europas eingegangen.[243]

Soweit der nur auf seine Erbansprüche pochende Adel angesprochen wird, mag man dem Gedanken durchaus folgen wollen. Der plebejische Akzent aber, mit dem die Aristokraten pauschal abgewertet werden, ist der Tonlage dieser ansonsten virtuos argumentierenden Studie unwürdig. Die eigene bravouröse Leistung im Affekt unterbietend, bringt der Rektor jedoch eine immer mitschwingende Saite seines Plädoyers, das demokratisch für die ethische Vertikalspannung aller wirbt, zum klingen: Jeder befindet sich auf einem Hochseil über dem Abgrund, jeder wird zu einem Athleten, dessen Leistung beim Vorankommen über seinen Wert entscheidet. Es ist der Massensportgedanke, der dabei Pate stand. Sloterdijk greift für seinen Ethikentwurf auf die Wiederbelebung der Olympischen Spiele Ende des 19. Jahrhunderts zurück, aber anstatt sich des Beistands der olympischen Götter zu versehen, um den ursprünglich religiösen Bezug zu sichern, wird der Olymp zu einem spröden Berg, den alle mühselig erklimmen müssen. Das Göttliche sei erlernbar, lesen wir. Die Heiligen werden zu Virtuosen ihres Ordens herabgestuft und der Aristokrat? Er wird zum Akrobaten.[244]

Die sportive Karlsruher Lehre ist der bisher am eloquentesten vorangetriebene Ansatz, von dem es kein Zurück zur Eloge Sebastian Haffners auf den Adel Preußens gibt. Vor diesem Furor flüchten wir uns erneut in die Arme Gräfin Dönhoffs, um ihren Worten über den Widerstand den nötigen Tribut zu zollen.[245] Man kann sie als ein Seitenstück zur Lobrede des preisgekrönten Historikers verstehen. Alle Gedanken der Männer des 20. Juli zum Neuaufbau Deutschlands seien von der geistigen Veränderung des Menschen ausgegangen, von einem Nein zu Materialismus und Nihilismus, das das Ja zu einer erneuerten christlichen Grundlage der Gesellschaft einschloss. Damit seien sie mehr als nur die Antipoden zu Hitler gewesen. Ihre aktuelle Bedeutung für das Zeitgeschehen müsse in dem Versuch gesehen werden, ein ganzes Jahrhundert zu überwinden. Es ist das 19.[246] – das gleiche, in dem Sloterdijk seine Ethik des Sports verankert. Ob wir dort, im Sport, die Helden finden, nach denen wir suchen?[247]

Um den Karlsruher Philosophen von seinen anti-aristokratischen Affekten abzubringen, wollen wir ihn zum Spaß in den Adelsstand erheben. Das darf man heute straflos tun. So wie der Mann aus Berlin, der vor geraumer Zeit durch die Medien ging. Er adelte sich einfach selbst und gab sich das entsprechende Pseudonym. Der Vorgang passt in unseren Zusammenhang, da sich der Mann von seinem bisherigen Verhalten so abgestoßen fühlte, dass er nur in der Selbst-Nobilitierung einen Ausweg sah. Er legte sich den Adelsnamen zu, um einen würdigeren Habitus anzunehmen. Und tatsächlich: Er kleidete sich anders, nahm andere Manieren an und ist nach eigenen Aussagen mit seinem neuen Leben als Adliger sehr zufrieden. Analog dazu könnte sich ein Peter „van" Sloterdijk der zauberhaften Welt öffnen, die er mit dem Titel seiner neuen Ethik „Du mußt dein Leben ändern" zunächst heraufbeschworen hatte: der Welt der Poesie.

Der Titel entstammt bekanntlich dem Rilke-Gedicht „Archäischer Torso Apolls" (siehe[248]), den der Lyriker im Louvre gesehen haben dürfte. Unvoreingenommene Leser würden sich sogleich auf eine kongeniale Gedichtinterpretation gefasst machen, wäre da nicht der Untertitel „Über Anthropotechnik", der sofort entgeistert. Statt Poesie erwartet uns eine Lehre über die technische Anstrengung des Menschen, Religionen zu entzaubern und das Göttliche darin Schritt für Schritt zu erlernen, bis es, vollständig aufgebraucht, in einem

120

von jeglichen Theismen gereinigten Athletismus untergegangen ist. Zu einer solchen Analyse sieht sich Sloterdijk einerseits durch Rilkes Nähe zu Rodin und dessen Plastiken berechtigt. Diese waren nicht mehr der klassischen Nachahmung der Natur geschuldet, sondern einem modernen künstlerischen Akt, der die skulpturale Oberfläche des Objekts aus der je eigenen Perspektive autonom zusammensetzte. Der Torso Rilkes füge sich dem Vorgehen Rodins, so der Argumentationsgang Sloterdijks, da dem Betrachter nur ein Teil und nicht die ganze Statue vor Augen stehe. Dadurch würde sie förmlich der klassischen Szenerie samt ihren normativen Verweisungen entrissen und frei für Zuordnungen der sportiven Welt. Andererseits spielt der Autor auf die Verwandtschaft der griechischen Athleten mit ihren Göttern an. Im Handumdrehen wird Apoll so in eine Art modernen Sportsmann umgewandelt, dessen Aufforderung am Schluss des Sonetts „Du musst dein Leben ändern" den Besucher im Museum zu ethisch-athletischen Anstrengungen animieren soll.[249]

Der Appell von Apoll wird unter den Händen des Karlsruher Anthropotechnikers zum Gegenstand akrobatischster Ableitungen, die zweifellos einen artistischen Analytiker verraten. Doch der vertikalen Spannung, zu der der Appell unserer Leistung angeblich verhelfen will, fehlt jede musische Dimension. Das Musikalische des poetischen Textes sieht man nirgends erwähnt. Vielleicht wollte der Gott, der immerhin die Lyra erfunden hatte, uns zum Saitenspiel verführen, vielleicht hat er den Lyriker Rilke selbst, auf Umwegen, zu seinen späten orphischen Gesängen verleitet. Vielleicht will er alle, die ihm im Museum gegenübertreten, zu Sängern machen, oder zu Lobrednern lichter Schönheit. Jedem, der das Gedicht liest, fällt die entsprechende Metaphorik auf. Da ist der glühende Torso, der den Betrachter blendet; der glänzende Blick, der sich verbirgt;

der gefährlich flimmernde, sternengleiche Stein.[250] Es genügt nicht, Rilke in Nietzsches überzeitliches, die Götterdämmerung chronisch überspannendes Antikenprojekt einzuordnen, auch wenn nicht nur das Flimmern der Raubtierfelle ans Dionysische gemahnt und die Biographie des Lyrikers diese Nähe zur Zeit der Abfassung des Gedichtes nahelegt.[251] Wie kann für einen orphischen Gesangs-Poeten, der sein Leben mitunter als engelsgleich empfand, Gott tot sein?[252] Der musische Aspekt geht jedenfalls nicht ohne Rest im Athletismus auf.[253] Selbst Nietzsche ist dreimal poetischer als sein Adept aus Karlsruhe.

Mag Sloterdijks Aufruf zu vertikalen Hochseilakten auch für Sportler, vor allem Velomanen wie ihn, anziehend genug sein, für eine postmoderne Anknüpfung an den Heroismus gibt seine Leistungsethik nicht viel her, außer dass man sportlich auf der Höhe sein muss, wenn man postheroische Taten vollbringen will. Zu mehr als diesem Fitnessaspekt fehlt dem Hochschulrektor einfach der Zugang zur aristokratischen Attitüde, es sei denn, er griffe seine Erhebung in den Adelstand höchst willig auf und setzte seine virtuose Verstandesstärke auch für weniger sportive Ziele ein. Ohnehin scheint sein Denken offen genug für Widersprüche zu sein. Nicht nur, dass er die relative Gelassenheit konstitutioneller Monarchien von heute der hysterischen Aufgeregtheit reiner Republiken vorzieht[254], er selbst dürfte der beste Gegenbeweis für die eigene Leistungsethik sein – ähnlich dem Glauben ist seine begnadete Fabulierkunst eine Gottesgabe.

Deklassierte Dandies

Eigentlich hätte der eloquente Sportphilosoph, der schneller schreiben als unsereiner lesen kann, das Zeug zu einer Statur, die gebraucht wird, um in dem Vorhaben einer genügend gewitzten Wiederanknüpfung an Heroismen der Vergangenheit voranzukommen. Er dürfte nur nicht dem offenbar von ihm kultivierten Klischee eines schlecht angezogenen Denkers entsprechen.[255] Das hieße aber, sich nicht so sehr am – ästhetisch ebenfalls wenig anziehenden – Nietzsche als – warum nicht? – an Baudelaire zu orientieren. Unzeitgemäß waren sie dagegen beide. Auf eine äußerst scharfsinnige Weise hat der „verschriene Poet"[256] und Elégant einer neuen Spezies von Aristokratie das Wort geredet. Sie wird von Leuten wie ihm repräsentiert, die zwischen allen Stühlen sitzen: der alten Aristokratie, die ihr Leben noch nicht ganz ausgehaucht, und der neuen Demokratie, die die Macht noch nicht ganz erobert hat. Es handelt sich um funktionslos gewordene deklassierte Zwischenwesen, die die Vergänglichkeit einer heroischen Adelskultur betrauern. Zugleich fühlen sie sich angewidert von der Gleichmacherei kommender demokratischer Gesellschaften. Diese neue Spezies besteht vorwiegend aus Künstlern, denen in der Übergangsepoche die sie tragenden Institutionen fehlen.[257] Aristokraten des Geistes, legen sie ihren Stolz darein, das heroische Ideal einer vor ihren Augen dahinschwindenden Monarchie aufrechtzuerhalten, wohl wissend, dass sie bald von der alle Unterschiede nivellierenden Woge der Demokratie verschluckt werden.

Baudelaire überschätzt die neuartige Aristokratie nicht, wenn er ihre Repräsentanten mit einem großen Reichtum an schöpferischen Kräften ausgestattet sieht.[258] Dandies verschwenden diese Kräfte in künstlerischen Werken und sind sich dessen gewiss, dass sie zu nichts anderem nütze sind als zu ihrer eigenen Erbauung.[259] Doch gerade deshalb sind sie für unsere Zwecke ausgesprochen nützlich. Ihr einsames Aufbäumen gegen die Gefahren der Nivellierung, ihr hartnäckiges Festhalten an vergangenen Formen heroischer Größe kommt uns gerade recht, um dem demokratischen Despotismus der öffentlich zelebrierten political correctness in der Bundesrepublik die Stirn zu bieten.

Wer sowas sagt, muss über gute Gewährsleute verfügen. Der beste unter ihnen ist schnell gefunden. Er gehört jedoch nicht direkt zur Spezies der neuen Adligen vom Schlage Baudelaires, obwohl sich sein Denken als politisch-soziologisches Gegenstück zu dessen poetisch-erzählerischem Werk verstehen ließe. Alexis de Tocqueville, um den es geht, war von altem französischen Adel. Er wusste als erster von allen, dass die Schicht aus der er kam, spätestens dann abzudanken hatte, wenn die von Europa alimentierte Demokratie Amerikas in den alten Kontinent reimportiert werden würde. Alles, was in Übersee geschah, sah er in absehbarer Zeit analog auf die europäischen Staaten zukommen, einschließlich der Gefahren, die von der neuen Regierungsform ausgingen. Und diese waren größer als jene, die die Monarchien aufwiesen. Der Begriff des „despotisme démocratique" stammt von ihm.[260] Er verband ihn mit der veröffentlichten Massenmeinung, die, wenn sie sich einmal durchgesetzt hatte, alles in den Schatten stellte, was selbst in absoluten Monarchien von deren Subjekten je zu fürchten war.[261] Wer andere Ansichten als die der herrschenden hatte, wurde gleichsam seines Bürgerrechts auf freie Meinungsäußerung beraubt, ohne dass sich der Souverän als Räuber zu erkennen gab. Despotische Mechanismen gehen in Demokratien sanft vor sich. So, dass es keiner merkt. Deshalb sind sie umso gefährlicher.

Voller Bewunderung für seine bahnbrechende Analyse hat ihm sein kongenialer englischer Kollege, John Stuart Mill, den Titel eines „Montesquieu des 19. Jahrhunderts" verliehen.[262] Das sollte an den großen Esprit des Vorläufers erinnern und war mehr als gut gemeint. Tocqueville kritisierte den authentischen Montesquieu jedoch so grundlegend, dass man ihn fast als dessen Antipoden bezeichnen könnte. Die Hauptattacke seines Vorgängers richtete sich gegen die eigene Monarchie und deren Despotismus, der angeblich orientalische Ausmaße angenommen hatte.[263] Das lief seit je auf den schlimmsten Vorwurf hinaus, den man einer Regierungsform überhaupt machen konnte. Er musste sich in seinen „Lettres persanes" nur halb scherz-, halb ernsthaft als mit kritischem Esprit ausgerüsteter Perser in Paris ausgeben, um den französischen König in einen persischen Despoten zu verwandeln.[264]

Das, was Montesquieu als maskierter Franzose sah und was ihn zum zentralen Stoß gegen seinen Monarchen bewegte, war die von ihm behauptete Furcht der Untertanen. Sie sei eines der den Despotismus tragenden Elemente. Dieser analytische Ansatz hatte erheblichen Einfluss auf die Französische Revolution. Die Wirkung Montesquieus auf das politische Denken nicht nur seiner eigenen Zeit war enorm. Mit seinem Gedanken von der Macht, die durch Gegenmacht in Schach gehalten werden müsse, hat er sich Unsterblichkeit verdient. Bis heute hält sich jedoch hartnäckig das obige, von ihm soufflierte Gerücht von den persischen Ausmaßen der Macht des Ançien Régime. Entsprechend ungeschoren kommt die Demokratie davon.[265] Diesen Zusammenhang greift Tocqueville als erster auf. Nicht die Furcht war das bestimmende Element im alten, monarchisch regierten Frankreich, nicht sie habe die Herrschaftsverhältnisse so lange stabilisiert, sondern der Glaube der Franzosen.[266] Den musste man zwar im monarchischen Frankreich nach außen hin, im Kirchgang etc., bezeugen, nach innen aber, in dem, was man dachte, war man frei. Erst wenn die Religion als tragendes Element einer Herrschaftsordnung abgeschafft werde, spitze sich die Gefahr des Despotismus zu, weil die Menschen das Gefühl der Geborgenheit und damit die Basis ihrer individuellen Freiheit verlören. Daher seien die

Demokratien gefährdeter als die Monarchien, daher sei es so wichtig, an einer – gemäßigten – Religion als der Grundlage für die guten Sitten und das Freiheitsgefühl der Bürger festzuhalten. Amerika habe diesen für das Gedeihen einer Gesellschaft elementaren Zusammenhang berücksichtigt, die nachrevolutionären Demokratien in Europa nicht. Deshalb hält er sie auch für anfälliger, Despoten auf den Leim zu gehen.

In dieser kurzen historischen Ausschweifung ging der für Tocqueville wesentliche Gedanke der Gemeindefreiheit im Kleinen (als Pfand bürgerlicher Freiheit im Großen) unter. Der Kritiker Montesquieus sollte in diesem Abschnitt auch nur eine Art Hilfestellung dafür leisten, die Einbildung überzeugter Demokraten von heute, man habe es mit der besten und unangefochtensten aller Regierungsformen zu tun, ein wenig anzukratzen. Das politisch korrekte Denken, welches dem Hitler-Attentäter die Noblesse abspricht, trägt alle Anzeichen einer sanften despotischen Konfiguration, bei der sich die Despoten als Bürger mit bestem Gewissen gerieren – eine Tartüfferie, die zur dramatischen Umsetzung eines neuen Molière bedürfte. Solange der nicht gefunden ist, muss man sich mit literarischen Hinweisen behelfen. Die Dandies in ihrer aussichtslosen Position gehören unbedingt dazu. Ihr stolzer Behauptungswille gegen die schon damals einschneidende Tendenz demokratischer Nivellierung soll uns darin bestärken, in allen den Fällen neoheroisch aufzutreten, und zwar im globalen Massstab, wo es um den Erhalt individueller Freiheit geht, ob im Krieg oder im zivilen Leben. In der Rolle des Anti-Nivellierers (aber nur in dieser), der mit seiner Forderung nach Vertikalspannung auf Unterscheidung pocht, ist Sloterdijk in solchem Kreis natürlich sehr willkommen.

10.
Den Helden *spielen*

An die mutigen grünen Demonstranten im Iran kann man nicht oft genug erinnern.[267] Doch in neuester Zeit können auch Deutsche mindestens auf zwei Beispiele großer Couragiertheit verweisen. In beiden Fällen ist es den Neoheroen schlecht bekommen. Der eine, ein Manager, Dominik Brunner, dem dieser Essay zugeeignet ist, fand dabei den Tod. Der andere, Hubert N., ein pensionierter Realschulrektor aus München, entging ihm nur mit knapper Not.[268] Es ist bekannt, dass er zwei Jugendliche, die in der U-Bahn ihren Zigarettenqualm in seine Richtung bliesen, auf das Rauchverbot aufmerksam gemacht hat – mit den für ihn fatalen Konsequenzen.[269] Anlässlich des Prozesses gegen seine beiden Peiniger erläuterte er, unterdessen wieder leidlich genesen, gegenüber einer Zeitung, was ihm, während er am Boden lag und malträtiert wurde, durch den Kopf ging. Zwei Fragen seien es gewesen, die eine, warum sie gerade *ihn* totschlagen wollten, die andere, was ein Held in seiner Lage tun würde. Die zweite Frage soll hier abschließend im Mittelpunkt stehen, um einen möglichen Ausweg aus weit verbreiteter Verzagtheit anzudeuten und jedem einzelnen mehr Mut zur eigenen Courage zu machen.

Für Hubert N. kam die Frage zu spät. Er lag bereits am Boden und hatte keine Chance, eventuell doch noch die Oberhand zu gewinnen, zumal er aus den Augenwinkeln ein Mädchen sah, das die Tat beobachtete, ohne einzugreifen. Der unmittelbar danach wieder aufflammenden Diskussion über mangelnde Zivilcourage konnte er, der den Mangel am eigenen Leib gespürt hatte, verständlicherweise wenig abgewinnen, jedenfalls dem Reden darüber. Tatsächlich bringt das Reden allein solange nichts, wie im selben Atemzug von allen Seiten die Mahnung ertönt, man solle in solchen Situationen nicht den Helden spielen, um nicht selber zum Opfer zu werden.[270]

Die Mahnung mag bei zu erwartenden Massendemonstrationen hilfreich sein und zur Deeskalation beitragen.[271] Für den Pensionär hätte sie tödlich ausgehen können. Deshalb ist seine Frage nach dem, was ein Held jetzt *tun* würde, viel wichtiger als die Mahnung zum Nichteingreifen. Doch in dem Moment, wo der Kopf des Opfers wie ein Fussball traktiert wird, ist auch diese Frage hinfällig.[272] Wie wäre es mit „Sich tot stellen"? Würde ein Held, wenn es zum Schlimmsten kommt, zu solcher Tarnung greifen können? Dazu bedürfte es einer Geistesgegenwart, die in solcher Situation kaum zu erwarten ist. Außerdem scheint fraglich, ob, was unter Tieren hilft, bei jungen Gewalttätern dieses Kalibers zündet. Mitleid oder Hemmschwellen kennten sie nicht, weil sie so etwas einfach nicht gelernt hätten, sagt uns ein Experte. Das seien keine einschlägigen Kategorien. Die Gewaltbereitschaft ziele in eine gänzlich andere Richtung. Sie fülle die Freizeit, mit der die Kinder und Jugendlichen sonst nichts anzufangen wüssten, auf eine freudvolle Weise aus.[273] Wer einmal unten liegt, hat keine Chance mehr, selbst wenn er sonst ein großer Held ist.

Hubert N.s zweite Frage (was ein Held in seiner Lage tun würde), die von so existenzieller Wucht ist, dass kein Großstädter hierzulande an ihr vorbeikommt, war deshalb nicht falsch, sie war nur, weil er bereits am Boden lag, am falschen Ort und zur falschen Zeit gestellt. Sie hätte ihm schon im Sitzen durch den Kopf schießen müssen, schon bevor er die Missetäter in Rage brachte, d.h. bevor er seinen ermahnenden Satz aussprach. Die einzige Antwort auf seine zweite Frage kann m.E. nur in einer präventiven Verbotsgebärde liegen, die zwar heiter-gelassen, aber mit solcher Bestimmtheit geäußert wird, dass im Bedarfsfall an der Durchsetzung des Verbots kein Zweifel besteht. Im Zuge der Prävention darf der Agent des Verbots nicht zeigen, dass er existenziell beteiligt ist. Der gespielte Heroismus ist sein Beitrag zur Deeskalation. Erst die theatralische Gebärde verleiht ihm die Ruhe und nötige Ausstrahlungskraft, um seine potenziellen Gegner nicht lediglich zu überzeugen, sondern vielleicht sogar zu bannen. Trotz aller Theatralik sollte die Dose Pfefferspray immer griffbereit sein. Das ist angesichts des Messers als Standardwaffe jugendlicher Gewalttäter von heute unabdingbar.[274]

Zu schön, um wahr zu sein? Ehe man sich einigelt und zu der Ansicht gelangt, in vergleichbaren Fällen lieber gleich den Mund zu halten, sollte man nicht zögern, sich die einschlägigen Ratschläge der Kriminalpolizeilichen Präventionsstelle von Bund und Ländern, auf die oben schon Bezug genommen wurde, noch einmal vor Augen zu führen. Zwar haben sie vorwiegend den Zeugen von Gewalttaten im Blick, doch auch das Opfer wird mit einbezogen. Es soll möglichst einen der Umstehenden gezielt ansprechen. Hubert N. hätte also das zuschauende Mädchen zur Mithilfe auffordern sollen – in seiner Situation schwer vorstellbar, aber nicht undenkbar.[275] Den Zeugen wird empfohlen, stehenzubleiben, den Angreifer, möglichst aus der Gruppe heraus, anzusprechen und nach weiteren Unterstützern Ausschau zu halten – etwa so: „Wollen wir der Frau/dem Mann nicht helfen?“[276] Da man, allein auf sich gestellt, nichts auszurichten hätte, scheint dieser Ratschlag noch der brauchbarste zu sein. Er verlöre aber seine Überzeugungskraft, würde er mit dem Verbot körperlichen Eingreifens belegt, wie es der Polizei-Psychologe Adolf Gallwitz fordert.[277] Das hieße in letzter Konsequenz, der fröhlichen Gewaltausübung Jugendlicher freien Lauf zu lassen, selbst wenn man der Empfehlung, umgehend die Polizei zu rufen, folgte. Ist sie nicht schon präsent, kommt sie selten rechtzeitig. Im Fall von Dominik Brunner kam sie erstmal gar nicht und dann zu spät.

Alle Ratschläge haben ihr Gutes. Sie zielen mindestens auf zweierlei ab: die Helfer vor sich selbst zu schützen und keine persönliche Auseinandersetzung mit den Tätern anzufangen, damit die ohnehin gefährliche Situation nicht eskaliert.[278] Aber sie beheben das Kardinalproblem der Debatte um Zivilcourage nicht. Jörg Lau hat es in dem hier einschlägigen Artikel präzise benannt. Das Problem besteht in dem eklatanten Widerspruch, die Bürger einerseits zur Courage zu ermutigen, sie andererseits aber an deren Ausübung zu hindern, da das Quäntchen Heroismus, das dazu nötig ist, unter Verdacht gestellt wird.[279] Genau genommen favorisiert die Debatte das aus der Psychiatrie bekannte double-bind-Verhalten: Man *ermutigt* die Bürger, indem man sie zugleich *entmutigt*. Eine allgemeine Willenslähmung ist die Folge, und man muss froh sein, wenn sie nicht in Schizophrenie ausartet. Jeder wird so etwas in seinem Alltag schon gespürt haben[280] – die Beispiele sind Legion – mit der Folge, dass im öffentlichen Raum die individuelle Freiheit der Person langsam, aber sicher den Gewalttätern geopfert wird.

Auch hier ist zu unserem Leidwesen kein Patentrezept in Sicht. Solange es in den städtischen Verkehrsbetrieben keine flächendeckende Security gibt und nur wenige Richter wie Reinhold Baier vom Landgericht München existieren, die zur Not massiv in die Freiheitsrechte des Täters eingreifen[281], kann jeder Akt der Prävention den Couragierten ins Gefängnis bringen, selbst wenn er das neue Heldentum bloß spielt, wissend, dass in postheroischen Zeiten nur ein aufgeklärter Heroismus denkbar ist. So bleiben alle erst einmal auf sich gestellt, weil jeder lieber wegschaut. Und wer täte es nicht gerne, zumal nach dem tragischen Tod des Münchener Managers. Dass sich überhaupt Leute wie Hubert N. und Dominik Brunner finden, die den Mut aufbringen, einzuschreiten, grenzt an ein Wunder. Dass überdies letzterem in seiner Heimatstadt ein Denkmal gesetzt wird, beruhigt fürs erste jede mutlose Seele und tröstet sie über die brenzligen Situationen, denen sie in U-Bahnen und anderswo ängstlich entgegensieht, hoffentlich hinweg.[282] Zugleich ist das Denkmal Anstoß genug, erstens, um sich selber ähnlich fit zu halten wie der Manager und zweitens, um so viel wie möglich für neoheroische Haltungen zu werben, damit einer nicht, wie er, vereinzelt übrigbleibt und stirbt.[283]

Es steht nichts weniger als unsere Würde auf dem Spiel. In ihr laufen die Fäden von Außen- und Innenpolitik zusammen. Die Unantastbarkeit der Würde wird vom Grundgesetz geschützt. Doch wir tasten sie an: die Würde des Opfers und unsere eigene, wenn wir nicht Zivilcourage zeigen. Die Grenze zur Feigheit ist fließend.[284] Der antiheroische Affekt, der sich auf heroische Taten der Vergangenheit wie der Gegenwart bezieht, hält diesen Fluss nicht auf, er lässt ihn anschwellen. Eine Hi-Society, die nicht zur Gesellschaft ohne Gedächtnis verkommen, sondern ihrem Ruf als ziviler, weltoffener Global Society gerecht werden will, sollte frühzeitig der Gefahr der Feigheit vorbeugen, um sich nicht ewig vor sich selber schämen zu müssen.[285]

Anmerkungen

[1] Erste Zeile eines Trauergesangs des Autors über den gewaltsamen Tod von Dominik Brunner

[2] Sie bestand freilich aus mehr als den vier Personen, die ich erwähne. Die Antworten der Nicht-Erwähnten gingen in die der Erwähnten mit ein, gaben jedoch keinen besonderen Typus ab.

[3] Schirrmacher 2009² geht von ca. 14 Tagen aus. Nicht online zu sein, vergleicht er mit dem „Ende einer sozialen Beziehung" (13). Susanne Beyer (2010) zitiert den amerikanischen Autor William Powers, der in seinen medienkritischen Kolumnen einen regelmäßigen „Internetsabbath" empfiehlt, um wenigstens am Wochenende mit der Familie nicht am Bildschirm, sondern wieder mal mit ihr zusammenzusitzen. Komischerweise waren diese internetfreien Wochenende für alle Beteiligten zunächst sehr hart und fühlten sich leer an. Erst allmählich habe man sich vom „Wahnsinn" ewiger Vernetzung befreien können.

[4] Martin 2010, 59 ff spricht vom „customer-driven capitalism", der den seit Mitte der 70-er Jahre dominierenden „shareholder value capitalism" ablösen müsse, da ersterer sowohl für die Unternehmen, als auch für die Gesellschaft insgesamt rentabler sei. Diese Behauptung stützt der Autor mit überraschenden empirischen Belegen (61).

[5] sit venia verbo!

[6] Vgl. den späten Maslow 1968, (III f, 136, 199 f, 203) der eine Verbindung von Taoismus und westlicher Erfolgspsychologie zu einer „transpersonal psychology" anstrebte.

[7] So der Schriftsteller Peter Schneider im Interview mit Christiane Peitz zu seinem 70. Ge-burtstag, in, Der Tagesspiegel v. 20. 04. 2010. Schneider, zur Zeit in New York ansässig, bezog das Atmen der Freiheit nicht auf das „Hi", sondern allgemein auf das amerikanische Lebensgefühl.

[8] Schmidt u. Stern 2010, 34 f, 58 f

[9] Tocqueville 1968, 59 f

[10] Auch das allgemeinere „Guten Tag" ist immer weniger zu hören. Dagegen hat sich zur Mittagszeit das allzu deutsche „Mahlzeit" noch erhalten – in der Schwundform, d.h. ohne das „Gesegnete", das ihm erst den rechten Sinn gab.

[11] Schneider 2008¹

[12] AaO, 13

[13] AaO, 12

[14] AaO, 120

[15] Siehe das Kapitel 16 „Verzagt in Brüssel". Seit der Kanzlerschaft von Gerhard Schröder sind die Bundesminister und Beamten jedoch verpflichtet, Deutsch zu reden, aaO, 111-18, hier 117

[16] Dabei verdrängen sie, so Schneider, dass das Deutsche selber eine

Weltsprache ist. Symptomatisch dafür der Aufruhr, den er mit dieser Behauptung 1986 unter seinen Journalistenschülern stiftete. Sie lachten ihn aus und schrien ihn nieder: „Deutsch *sollte* keine Weltsprache sein." (AaO, 18 f, Hervorhebung, W.S.) Inzwischen ist eine Enkelgeneration herangewachsen, die ihm für die gleiche Behauptung applaudiert, vgl. Dorothee Noltes Interview mit ihm anlässlich seines 85. Geburtstags: „Die meisten Blogs sind Geschwätz!", in, Der Tagesspiegel v. 05. 05. 2010

[17] Schneider 2008[1], 19

[18] Schwer zu begreifen, dass dieser exzellente Sprachlehrer zum wiederholten Mal das tausendfach abgewetzte Wort „Profi" in den Rang eines Buchtitels erhebt. Siehe Schneider 2010[1]. Da sein Ruf als „Sprachpapst" für sich spricht und jedes seiner Bücher etliche Auflagen erreicht, ist kaum zu glauben, der Verlag hätte ihn aus verkaufstechnischen Gründen dazu gezwungen. Vermutlich hat er dem „Profi" der Kürze wegen den Vorzug gegeben, vgl. sein Rezept Nr. 8: „Mit Silben geizen", aaO, 51-57. Tatsächlich hätte die Variante „Deutsch für junge Professionelle" den Titel zu sehr in die Länge gezogen und umständlich gewirkt. Doch nicht immer liegt die Würze in der Kürze. Besonders dann nicht, wenn man, wie in unserem Beispiel, den Zweisilber mit einem abgestumpften Wort erkauft. Hier liegt ein Problem des sonst so überzeugenden Ansatzes von Schneider: Er vernachlässigt den Klang und damit eine der drei Eigenschaften, die Voltaire zufolge ein (neues) Wort aufweisen muss. Schneider zitiert ihn zwar (2008[1], 32, 51), aber ohne dessen Forderung in diesem Fall genügend zu beherzigen. Vielleicht, weil er, um das Problem zu beheben, einen Anglizismus hätte verwenden müssen: „Professionals". Doch der ist deutlich klangvoller als „Profi", klingt professioneller (ohne pejorative Nebenbedeutung) und spricht sich kürzer als „Professionelle". Ein Vorschlag zur Güte für die „Aktion lebendiges Deutsch".

[19] Schneider 2008[1], 102 ff.

[20] Siehe die Alt-Arie „Buß und Reu", in, J. S. Bach, Matthäus-Passion, 1. Teil, Nr. 6

[21] Schneider 2008[1], 52 f

[22] Siehe unten, 8. Kapitel

[23] Schneider 2008[1], 127

[24] „Von drüben": So bezeichnen Ostdeutsche den Westen Deutschlands – vielleicht eine süße Rache für das Wort, das früher von den Westdeutschen in umgekehrter Richtung gebraucht wurde.

[25] Es bleibt freilich ein Rest von Befremdend- und Beengendem bestehen, so, als hätte man momentweise einen Amerikaner vor sich, der gar nicht weiß, dass er Amerikaner ist, weil er die Herkunft des Wortes nicht kennt und der auch kein Amerikanisch kann. Vor allem kann er eins nicht: sich nach dem Befinden des Anderen erkundigen.

[26] Ähnlich dem des oben in Anm. 3 erwähnten Schriftstellers Peter Schneider

27 Nach Auskunft des Dictionary of American Regional English, Cambridge/Mass. – London 1991, Bd. 2, D-H scheint das Wort aus der amerikanischen Landwirtschaft zu stammen. Dort ruft man damit Pferde und Kühe von der Weide, ermuntert letztere auch beim Melken (hi, hi, hi) und gebietet den Hunden, stillzuhalten, etwa dem deutschen „Sitz!" entsprechend, vgl. ebda, Stichwort „Hi" bzw „Hie"

28 Briefliche Mitteilung des Sprachanalytikers Karl Tausch an den Autor vom 08. 07. 2004

29 Manchmal versagt einem jedoch selbst ein Amerikaner diesen für ihn sonst selbstverständlichen Gegengruß. „Ich kann mich (.) entsinnen", schreibt Karl Tausch in einem Brief vom 16. 01. 2008 an den Autor, „dass im US-Gefangenenlager ein deutscher Oberst vom vernehmenden Offizier angepöbelt wurde, nachdem er sich erdreistet hatte, den Ami mit >How do you do?< zu begrüßen. Der Vernehmende schrie: >Ja, heute ‚How do yo do', und gestern ‚Hau die Ju-den', das seid ihr, die Nazis!<"

30 Wysling 1990, 61. Einen sensiblen Kommentar zu dieser Stelle aus der Sicht Kellers als Kind gibt Lewitscharoff 2010, 37

31 Hammer u. Champy 2003, 19-27

32 Brown 1998

33 Grove 1996. Auf Deutsch: Nur die Paranoiden überleben, siehe Grove 1999

34 Grove 1996, 3

35 Vgl. Kramer 1996 und Grawert-May 1998

36 Grove 1996, 79-97 (5. Kap.)

37 Der Untertitel der deutschen Übersetzung „Strategische Wendepunkte vorzeitig erkennen" ist nicht schlecht gewählt, unterschlägt aber die Dramatik des Originals.

38 Grove 1996, 30. In der deutschen Übersetzung steht für „Tsunami" „Grundsee" (Grove 1999, 42) – verständlich, da der Begriff „Tsunami" sich bei uns erst später, nach der verheerenden Flutkatastrophe in Asien, einbürgerte.

39 Der „War Room" (Grove 1996, 15) wird in der deutschen Übersetzung zur „Intel-Schaltzentrale" (1999, 27)

40 Grove 1996, 6

41 Der Begriff „Normopath" von Lütz 2009[4], XV (Vorspiel)

42 Vgl. Freud 1972[4], 72-74

43 Für ein weiteres sprechendes Beispiel siehe 4 („Untypische Türöffner")

44 Nur genügend große Banken, deren Insolvenz das gesamte Wirtschaftssystem zusammenbrechen ließe, können sich dieses Risikos entledigen, indem sie es auf den Staat bzw. den Steuerzahler abwälzen – eine höchst entmutigende Erfahrung aus der jüngsten Weltwirtschaftskrise.

45 Vgl. Stauss u. Seidel 1998[2], 33 f, 47 ff; zum negativen Multiplikator Schultka 2006, 5

46 Apoll überlistete sie dazu mit der Bitte um einen Kuss, den sie ihm gewährte. Vgl. Ranke-Graves 2008, 584 (Art. 158, q.).

47 Vgl. Bohrer 2009a, 204, der auf die Verwandtschaft des Mythos von Kassandra und Oedipus hinweist. Beide wurden in frühster Kindheit ausgesetzt, um den fatalen Pro-phezeiungen zuvorzukommen – in beiden Fällen ohne Erfolg. Doch während Grove dem Mythos die Fatalität nimmt, indem er Kassandra ins Unternehmen integriert, entgeht Doi (1982[1]) seinen fatalen Konsequenzen, indem er das kleine Kind gar nicht erst in die Verlegenheit bringt, einen Oedipus-Komplex zu erwerben, vgl. Kap. 5 und Anm. 105

48 Osten 2003, 33

49 Vgl. dazu die erhellende Interpretation des *Faust*-Stoffes von Osten, 40 f

50 Vgl. Joni u. Beyer 2009, 48ff, die den Zusammenbruch von Lehman Brothers 2008 unter anderem auf deren äußerst harmonisches Betriebsklima zurückführen.

51 Für die USA siehe den Versuch des Qualitätsgurus W. Edwards Deming, Zustände wie Furcht aus den Unternehmen zu vertreiben und die Kritik an ihm von Grove 1996, 117

52 Grove floh 1956 bei der Besetzung seines Heimatlandes durch sowjetische Panzer in die USA.

53 Wohlgemerkt: nacheinander, nicht zur gleichen Zeit. Es dreht sich nicht um „Multitasking".

54 Vgl. Hammer u. Champy 2003, 74 f

55 Im Amerikanischen „complaint owner"

56 Um Kunden die Tür erfolgreich zu öffnen, braucht es im Unternehmen eine weiße Kasse. Sie ist das Gegenstück zur schwarzen und lässt sich unter der Rubrik „Rückstellungen" in der Bilanz verbuchen. Man kann die Kunden damit fangen. Insofern handelt es sich unter psychologischem Aspekt um eine Art Schmiergeld, aber um eine clevere, zivile Form davon. Hätte das Hotel eine solche Kasse nicht gehabt, wäre der Gast, der sich beschwerte, leer ausgegangen. Er wäre von seinem Schmerz, Opfer eines Diebstahls zu sein, nicht befreit worden. Zwar hätte man nicht die Polizei auf ihn gehetzt, ihn auch nicht an eine andere Abteilung verwiesen. Aber was nützt das dem, der bloß in einem Hotel übernachten und am nächsten Morgen weiterfahren will. Im besten Fall hätte man ihn, wenn nicht trösten, so doch vertrösten können – auf eine später erfolgende Begleichung seines Schadens. Was jedoch nicht sofort passiert, imponiert psychotisierenden Normopathen nicht. Menschen dieses Schlages zeigen wohl ein fischiges Verhalten, lassen sich aber nur schwer angeln und als Stammkunden gewinnen.

57 Schon seit Anfang der neunziger Jahre des vergangenen Jahrhunderts sorgte er für eine bessere Verständigung etwa zwischen einem Mitarbeiter aus dem Marketing mit einem aus der Rechtsabteilung. Sie verlernten ihre Spezialsprache, die nur Kauderwelsch für den jeweils anderen war und lernten erstmals zu kommunizieren. Ein paar Jahre später konnte keiner mehr erkennen – auch nicht an der Kleidung – wer von welcher Abteilung kam.

58 Was die Mitarbeiter bis hinauf in die Führungsetagen allzugerne tun, vgl. Grove 1996, 86

59 Aao, 14 f

60 AaO, 140-44. Im Original steht für das Tal „Death Valley". Jeder Amerika-Reisende wird es kennen und wissen, dass es sich um eine Wüste handelt, in der man schnell verdursten kann. Der einzige Weg, der für Grove aus ihr herausführt, ist ein neuer Kurs, von dem niemand weiß, ob er sich als der richtige erweist. Hauptsache, das Unternehmen hält ihn durch.

61 Der Terminus „gepanzerte Psyche" ist hier nicht im pathischen Sinn gemeint

62 Oft genug brauchen Unternehmensführer Coaches, um das schwierige Spiel durchzuhalten. Auch das bewahrt, wie oben zu sehen war, selbst beste Firmen nicht davor, Opfer der tückischen *Wendepunkte* zu werden. Zumindest zeitweise. Xerox erging es ähnlich. Deshalb ist das Motto Groves, „Nur die Paranoiden überleben", kein Allheilmittel, das man europäischen Firmen nur verschreiben müsste, um sie weniger störanfällig zu machen. Doch ohne das kommt man schon gar nicht aus.

63 Vgl. als pars pro toto Wunderer 2008[1], vor allem das 4. Kapitel „Vertrauen in Management und Märchen – Aschenputtel", 79-117

64 Vgl. Fukuyama 1995 („Trust"- die deutsche Übersetzung unterschlägt das „Vertrauen" im Titel). Das Buch des langjährigen Regierungsberaters ist eine höchst intelligente Replik auf Max Webers Bürokratieansatz. Es dürfte indes, ähnlich seinem ebenso brillianten „The End of History", die Betriebsverhältnisse zugunsten einer in sich eleganten Ideenkonstruktion etwas verharmlosen. Ein Jahr nach Fukuyamas „Trust" kam Grove mit seinem „Only The Paranoid Survive" heraus.

65 Vielleicht kommen sich die beiden Kontinente dann auf halbem Weg entgegen.

66 Wenn man einmal vom hochinnovativen Mittelstand absieht, dürften es deutsche Arbeitnehmer im Vergleich zu ihren ge-grove-ten amerikanischen Kollegen psychologisch deutlich schwerer haben, sich auf die Erfordernisse der Globalisierung einzustellen.

67 Vgl. Grove 1996, 7. („Let Chaos Reign") und 8. Kapitel („Rein in Chaos")

68 Die Reißleine geht auf die Erfindung des Spannungsreglers zurück, der den Webstuhl anhielt, sobald der Faden riss. Der Fehler konnte auf diese Weise sofort repariert werden. Toyota (damals noch Toyoda) ließ sich den Regler patentieren, verkaufte das Patent und finanzierte davon die Produktion erster Autos.

69 Es handelte sich um ein Vorstandsmitglied von BMW. Ähnlich Thurow 1999, der die Japaner bei kontinuierlichen Verbesserungen für unschlagbar hält.

70 Die chinesischen Schriftzeichen (auf Japanisch: „Kanji") gehören zu einem der drei Schriftsysteme Japans. Die Silbenschriften „Hiragana" und „Katakana" sind die beiden anderen.

[71] Siehe „Herz-Ton". Den Hinweis verdanke ich der in Berlin lebenden Japanisch-Lehrerin Keiko Ye-Myint

[72] Wenn ein Werker nicht genügend spurte, scheute er sich nicht, ihn anzuschreien, Ohno 1993, 98

[73] Steve Jobs gilt als Tyrann von Apple, wenn auch als grandioser, verehrungswürdiger.

[74] Ohno 1993, 73-75

[75] Aao, 73

[76] Im japanischen Original verwendet Ohno das Wort „autonom" in „Kanji", den chinesischen Schriftzeichen, was darauf schließen lässt, dass er eine eigene Lesart beabsichtigt. Sonst hätte er das Wort in der für Fremdworte üblichen Schrift der „katakana" geschrieben, vgl. Ohno 1978, 81 ff

[77] Zuletzt Bender 2010

[78] In systematischer Betrachtungsweise. Toyota hat viele Vorkehrungen getroffen, um einer für sich genommen teuren Unterbrechung zuvorzukommen.

[79] Ohno 1993, 32

[80] Siehe „Hito-Zukuri" (Hito: der Mensch, die Person)

[81] Vgl. Yamashiro 1997, 32 f, wo Reiszucht und das Erlernen des Managements in einem Atemzug genannt werden. Eher kritisch dazu Krell 1994, 206-47

[82] Meisterschaften in einer Disziplin dauern in Japan locker 10-15 Jahre oder mehr, vgl. z.B. die Tee-Zeremonie

[83] Vgl. „Just in time", eine der beiden Säulen des Toyota Produktionssystems

[84] Ohno 1993, 97-99

[85] Japanische Comics

[86] Ohno 1993, 99 f

[87] Siehe Steingart 2010, der die Malaise Toyotas in dessen Amerikanisierung sieht, d.h. Masse statt Klasse zu produzieren. Die amerikanischen Rabattschlachten hätten die japanische Firma fast dazu genötigt, zum eigenen Nachteil von ihren früheren Qualitätsstandards abzuweichen.

[88] Ohno 1993, 28 f, 102 f führt die Ausbildung seines Systems sogar darauf zurück.

[89] So legte der Leiter des Toyota-Instituts in Japan, Koki Konishi (im Sinne der unter den Unternehmensführern Chio und Watanabe anvisierten Globalisierung des Konzerns) in seinen Seminaren kategorisch fest, der Toyota-Weg sei rational und nicht speziell japanisch. „Nur wenn Toyota-Gedanken unabhängig von der Kultur übertragbar seien, könnten weltweit plötzlich Zehntausende von Nichtjapanern Corollas und Camrys bauen." Vgl. Mayer-Kuckuk 2007

[90] Vgl. Ohno 1993, 99 und 103, wo er das Toyota Produktionssystem als ein „spezifisch japanisches" bezeichnet. Ferner aaO, 111 ff, 116 ff. Akyo Toyoda scheint sich wieder der japanischen Ursprünge des Unternehmens zu entsinnen. Er will eine kontinental differenziertere

Autoproduktion einführen, dazu drei weltweit agierende Qualitäts-
manager mit weitreichenden Rechten (Stopp der Produktion bei
Auftreten sicherheitsrelevanter Mängel.) Sie sollen als seine „Augen
und Ohren" fungieren, vgl. Interview mit dem Toyota-Präsidenten,
in, ADAC Motorwelt, Heft 4/2010

[91] Ohno 1993, 125 ff u.ö.

[92] Aao, 99 f

[93] Siehe aber die Warnungen mancher Experten vor zu schnellem
Wachstum, beispielhaft Helmut Becker, der dem deutschen Autokonzern das Schicksal Toyotas prophezeit, in, Der Tagesspiegel v. 04.
02. 2010

[94] Vgl. Vahlefeld 1992, 172-79

[95] Harpprecht 1993, 77 f, der diese Höflichkeit vor allem bei Japane-
rinnen ausmacht, als seien sie alle durch eine weibliche Schule der
Konversation gegangen, wo sie eine Variation wortloser Kammertöne
lernten, mit denen sie Anteilnahme, Interesse und Mitgefühle vager
Art ausdrückten.

[96] Vgl. Coulmas 2002³, der die großen Unterschiede im Service
anlässlich seines Umzugs von Japan nach Deutschland schildert.
Inzwischen ist er vor der hiesigen Servicewüste wieder nach Japan
entflohen.

[97] Vahlefeld 1992, 93 ff, 114 ff

[98] Konfuzius 1964, 15 f

[99] Vgl. dagegen Becker 2006. In seiner lesenswerten Eloge auf Toyota
sieht er statt der konfuzianischen Ethik die preußische am Werk
– nach dem Motto, die Japaner seien die Preußen Asiens. Im Prinzip
läuft seine Lobrede aber annähernd auf das Gleiche hinaus.

[100] Das Beispiel stammt von Laotse, ist aber auf die konfuzianische
Ethik anwendbar.

[101] Vgl. Holenstein (in der Einleitung zu Doi 1982¹, 14), der die Zeit
nach dem Zweiten Weltkrieg davon ausnimmt, da die Elterngenera-
tion mit dem Wiederaufbau überfordert war.

[102] Vgl. Japan Business 2005, 7 f

[103] Vgl. Doi 1982¹, 86 ff

[104] Vgl. aaO (Einleitung v. Holenstein), 13

[105] Während der Oedipus-Mythos von Doi ganz ausgeschlossen wird,
wird der ihm verwandte Kassandra-Mythos von Grove in sein
Gegenteil verkehrt, siehe oben Anm. 47. In beiden Fällen soll Krisen
– psychischen bzw. ökonomischen – vorgebeugt werden.

[106] Das frohgemut despektierliche Buch von Neumann 2004⁸ einmal
ausgenommen

[107] Die durch ihre exzellenten Analysen der Weltautoindustrie bekannt
gewordenen Autoren Womack u. Jones (1996) nennen es ein schlan-
kes Denken. In dem Buch haben sie Ohnos Ansatz in eine für Nicht-
Japaner fasslichere Form gebracht und dabei bezeichnenderweise
die für uns schwer verständliche Autonomation mehr oder weniger
stillschweigend durch autonomere westliche Arbeitspraktiken ersetzt.

Vgl. 65, wo sie den „Flow"-Ansatz des aus Ungarn gebürtigen und an der University of Chicago lehrenden Psychologen Professor (em.) Mihaly Csikzentmihalyi einführen. Wer in seiner Arbeit aufgeht, so der Ansatz, hat ein Glücksgefühl, das einem (Über-)"Fließen" gleicht, bei dem man die Zeit vergisst. So könnte die Intensität der Autonomation in der Tat egalisiert werden.

[108] Ein Benehmen, wie etwa das unter deutschen Vorständen übliche, bei denen die Einkommenszuwächse in keinerlei Verhältnis mehr zu den Lohnerhöhungen ihrer Schutzbefohlenen steht, würde sich von selbst verbieten, einschließlich der Argumentation, in Chefetagen anderer Unternehmen seien noch ganz andere Zuwächse die Regel, man bewege sich also noch in bescheidenem Rahmen. Solche Redensarten zeigen nur, dass Führungskräfte gern von ihren Mitarbeitern abgehoben operieren. Zum Exempel der Fall von Helmut Mehdorn. Er maß sich mit dem angedeuteten Argument, ohne mit der Wimper zu zucken, in Jahresfrist mehr als 30% Gehaltserhöhung zu, während er seine Eisenbahner auf 3% verpflichten wollte.

[109] Ulrich 2010 sieht die Zeit für eine Anbindung der Marktwirtschaft an die Leitideen für gute Gesellschaft gekommen, in der es nicht mehr darum gehen kann, anständig Geld, sondern Geld anständig zu verdienen.

[110] Das gilt trotz der massiven ideologischen Verhärtungen, die seit Antritt der Regierung Obama (siehe unten) eingetreten sind (Auster 2010).

[111] Schmidt 2008[1], 313

[112] AaO, 336

[113] AaO, 289 ff. Die Schmidts ließen sich deshalb 1943 auch kirchlich trauen, obgleich ihr christliches Bekenntnis nach eigenem Bekunden nicht sehr tiefging.

[114] AaO, 314

[115] Die Religionsphilosophin Armstrong (2010) bezeichnet solche Haltungen als naiv.

[116] Siehe dazu die folgende Anm.

[117] „>Wenn wir Bach hören, sehen wir Gott aufkeimen. Sein Werk ist gottheitgebärend.<" Cioran, Von Tränen und von Heiligen, zit. in, Blumenberg 1988, 109. – Um nicht in eine abgründige, bis in apokryphe Feinheiten führende christologische Diskussion um die letzten Worte Jesu am Kreuz zu geraten („Mein Gott, mein Gott, warum hast du mich verlassen"? Vgl. aaO, besonders 208-16), behelfe ich mich mit der Versicherung Blumenbergs, es gehe „nicht darum, an der Bedeutung des Ausrufs bei Bach und für Bach zu rütteln (…)" (aaO, 211). Das darf uns an dieser Stelle genügen.

[118] In seinem frühen Buch über Frankreich spricht Cioran von einer „Art abstrakter Frommheit", welche die Musik vom Hörer fordere (2010, 28).

[119] Siehe die Frage des Zeit-Herausgebers Giovanni di Lorenzo an den Altkanzler: „Verstehen Sie das, Herr Schmidt?" In, Zeit-Magazin

Nr. 24 v. 10. 06. 2010 Allerdings gibt sich Schmidt dort nur als Anhänger von Bach aus. Ich habe ihn stillschweigend zum Liebhaber befördert.

120 Schmidt 2008[1], 300

121 AaO, 310

122 AaO, 328

123 AaO, 31 f. Der kurz zuvor aus dem Amt geschiedene Schröder habe vielleicht ein, zwei Jahre damit warten sollen, aber im Prinzip sei dagegen gar nichts einzuwenden. Auch er, Schmidt, habe seinerzeit solche Mandate übernommen.

124 AaO, 115-118

125 AaO, 326, 330

126 AaO, 10 f

127 AaO, 330

128 AaO

129 Art. 1 Grundgesetz: „(1) Die Würde des Menschen ist unantastbar. Sie zu achten und zu schützen ist Verpflichtung aller staatlichen Gewalt. (2) Das deutsche Volk bekennt sich darum zu unverletzlichen und unveräußerlichen Menschenrechten als Grundlage jeder menschlichen Gemeinschaft, des Friedens und der Gerechtigkeit in der Welt." Noch deutlicher ist der Missionsgedanke an dem mit dem Artikel 1 GG verwandten Text zu erkennen, der jeden Sonntag im Deutschlandradio Kultur zum Klang der Freiheitsglocke im Rathaus Schöneberg zu hören ist: „Ich glaube an die Unantastbarkeit und an die Würde jedes einzelnen Menschen. Ich glaube, dass allen Menschen von Gott das gleiche Recht auf Freiheit gegeben wurde. Ich verspreche, jedem Angriff auf die Freiheit und der Tyrannei Widerstand zu leisten, wo auch immer sie auftreten mögen." Vgl. dazu Rudzio (2006[7], 43), für den die Grundrechte materiell nichts Neues darstellen „Sie gehören in die westliche, auf die englische Verfassungsentwicklung, die Amerikanische und die Französische Revolution zurückgehende liberal-demokratische Tradition (…)."

130 AaO, 328

131 „Schröderisierung" meint, sich als deutscher Bundeskanzler mit autoritären Führern wie Putin Arm in Arm zu zeigen, statt etwas auf Distanz zu gehen. „Schröderisierung" meint auch, sich zwar legitimerweise aus dem Irakkrieg herauszuhalten, aber im gleichen Atemzug Deutschland volltönend zu einer Friedensmacht auszurufen und damit im eigenen Wahlkampf aufzutrumpfen.

132 AaO, 327

133 AaO, 326

134 Siehe sein später von allen Seiten gerühmtes Eintreten für den NATO-Doppelbeschluss

135 Obwohl er wiederum als Stratege pragmatisch genug ist, nicht gleich für den Abzug der Truppen zu plädieren. Siehe seine dem SPD-Parteivorstand am 25. 01. 2010 in Berlin vorgestellten „Thesen zu Afghanistan", abgedruckt in, Die Zeit v. 28. 01. 2010

[136] Schmidt 2008[1], 301
[137] Manche Autoren sehen die Japaner selbst heute noch nicht richtig in der Demokratie angekommen. Im Kopf mögen sie Demokraten sein, im Herzen sind sie Konfuzianer geblieben. Vgl. das Interview von Georg Blume mit Shuichi Kato in, Die Zeit v. 05. 08. 1994
[138] Prominentestes Beispiel ist der frühere Generalsekretär der Vereinten Nationen, Kofi Annan
[139] AaO, 301
[140] AaO, 65-68
[141] AaO, 13-68
[142] Kanzlerin Merkel ist diesbezüglich zupackender als die meisten ihrer Vorgänger, einschließlich Schmidt
[143] Aao, 329
[144] Schmidt schließt inzwischen nicht aus, die Vermutung, der Iran entwickele Nuklearwaffen, könne sich als genauso unzuverlässig erweisen, wie im Fall der vermuteten Massenvernichtungsmittel des Irak, Schmidt u. Stern 2010, 266. Für die umgekehrte Möglichkeit sollte eine Ethik aber empfänglich sein.
[145] Die Initiative des Altkanzlers und anderer renommierter Staatsmänner zur weltweiten Abschaffung der Atomraketen ist sicher notwendig, aber nicht hinreichend, um der Gefahr zu begegnen.
[146] Kagan 2003, 64-81
[147] Vgl. auch Robert Rimschas Interview mit ihm in, Der Tagesspiegel v. 20. 02. 2003: „Amerikas Dschungel, Europas Paradies. Über notwendige Präventivkriege und Deutschlands Naivität."
[148] Kagan 2008, 103
[149] AaO, 80
[150] Selbst der gemeinsame Wertekanon schützte damals die Staaten der „Heiligen Allianz" nicht vor divergierender Interessenpolitik, siehe Siemann 2010, 71-93
[151] Kagan 2008, 17-30, 85 f
[152] So die Überschrift des vorletzten Kapitels, aaO, 105-111
[153] AaO, 114
[154] Die Begeisterung für ihn als Präsidentschaftskandidaten sei inzwischen, so der Schriftsteller Paul Auster (2010), der Verzweiflung gewichen, da der radikalisierte rechte Flügel der Republikaner den gemäßigten verdrängt und das ganze Land zur Geisel genommen hat, sodass es politisch handlungsunfähig geworden sei.
[155] Durch die Einladung an den Dalai Lama ins Weiße Haus einerseits, die neuerliche militärische Unterstützung Taiwans andererseits.
[156] Fukuyama 2006, 179 f
[157] AaO, Vorwort, 7-12
[158] AaO, 194
[159] AaO, 179 f
[160] Die Studie ging aus den „Castle Lectures" hervor, die Fukuyama im April 2005 an der Yale-Universität gehalten hat, vgl. aaO, 11
[161] Ob sich die Lage im Irak nach dem Abzug der amerikanischen

Kampftruppen wieder wesentlich verschlechtert, ist trotz des Wiederaufflammens der Gewalt im Lande noch nicht abzusehen. Michael Thumann will jetzt schon wissen, dass der Sieger des Abzugs der Iran ist. Bush Jr. habe „mit der irakischen Diktatur zugleich das arabische Gegengewicht zu Iran beseitigt" – ein markantes Beispiel dafür, wie strategisches Denken sich im Zweifel für den Bestand von Diktaturen ausspricht. Vgl. seinen Art. „Der Sieger heißt: Iran, in, Die Zeit v. 02. 09. 2010

[162] AaO, 21 f, 73 f

[163] Fukuyama zählt dazu unter anderem die „Internationale Organisation für Normierung" (ISO), sowie die „Internet Corporation for Assigned Names" (ICANN), vgl. aaO, 168 ff, 172 ff

[164] Vgl. aaO, 118 ff

[165] AaO, 191 f

[166] AaO, 193

[167] AaO, 194 f, vgl. Schmidts Kritik an den Abstimmungsprozessen der EU oben

[168] ASEAN = Association of South-East Asian Nations

[169] AaO, 178

[170] Vgl. „Thesen zu Afghanistan", abgedruckt in, Die Zeit v. 28. 01. 2010

[171] „Wirklich zum Schieflachen", sagt er. Schmidt u. Stern 2010, 220

[172] AaO, 261

[173] Vgl. Thesen zu Afghanistan, Nr. 23

[174] Schmidt u. Stern, 223 f

[175] Ross 2009

[176] Siehe das Plädoyer von Ross (2010 a) für einen religiösen Liberalismus in Europa

[177] Schmidt u. Stern, 246

[178] von Weizsäcker 1985, 2

[179] AaO, 16

[180] Schmidt u. Stern, 241

[181] Siehe 3. Kapitel

[182] Schmidt u. Stern, 268. Auf eine sehr beunruhigende Zusatzgefahr macht von Randow 2010 aufmerksam. Er warnt vor der wachsenden Entfremdung zwischen Berlin und Paris, die in Europa zum Bruch in einen nordost- und südwesteuropäischen Raum führen könnte, wenn die beiden Regierungsspitzen nicht wieder, wie in der Vergangenheit üblich, zueinanderkämen.

[183] AaO, 269 f

[184] Der Altkanzler erweist sich hier als Anhänger der Thesen Thilo Sarrazins, eines verdienstvollen Finanz-Controllers, der das Konzept des wirtschaftlichen Vergleichs von Geschäftssegmenten auf die ganze Gesellschaft überträgt, um die unterschiedliche Effizienz von einzelnen Ethnien zu berechnen – ein Ethno-Controlling, das sich von selbst verbieten sollte. Sein Hinweis auf die Integrationsunlust von Türken und Arabern ist zwar nützlich, weil er die Diskussion darüber wieder in Gang gebracht hat, doch in der Wahl seiner Worte,

der Übertragung seines ökonomischen Ansatzes und der Form seines Auftritts schlägt er so über die Stränge, dass der Schaden, den er damit anrichtet, den Nutzen bei weitem übersteigen dürfte. Außerdem lässt er einen Weg zur Besserung der Situation vermissen. Vielleicht wäre Schmidt, wenn er sein Gewicht in die Waagschale geworfen und ihm früh genug zur Mäßigung geraten hätte, der einzige gewesen, ihn davor zu bewahren, zum Volkshelden zu werden. Siehe die Warnung davor seitens Giovanni di Lorenzos, in, Die Zeit v. 02. 09. 2010. (Schmidts Rat zum Maßhalten in, Zeit-Magazin Nr. 38 v. 16. 09. 2010) Siehe auch die Kritik an Sarrazins Statistiken in der Titelgeschichte „Es gibt viele Sarrazins", in, Der Spiegel 36/2010. Zu den „gefühlten" Überfremdungsängsten vgl. neuerdings Polenz (2010, 25 ff), der sie mit dem Hinweis abschwächt, dass schon beim Beispiel der Integration Polens die Arbeitnehmer-Freizügigkeit dauerhaft begrenzt werden konnte.

185 Siehe den Artikel der Gräfin „Helmut Schmidt: Das Mögliche möglich machen", in, Dönhoff 1997, 153

186 Das schließt Maßnahmen ein, die finanzielle Unterstützung sozialen Notstands zeitlich zu begrenzen, wie es unter der Regierung Clinton mit Erfolg geschah (Eindämmung der Procreationsquote) und inzwischen auch von deutschen Demografie-Experten wie Gunnar Heinsohn gefordert wird. Auch hier gibt Polenz (2010, 29 f) Entwarnung. Die Geburtenrate in der Türkei habe im letzten Jahrzehnt so abgenommen, dass kaum noch Bevölkerungszuwachs zu erwarten sei.

187 Ross 2009. Inzwischen sehen Bacia (2010) und Joffe (2010) die Regierung Ankara auf Abwegen, die sowohl von der EU, als auch von den USA wegführen. Die Türkei scheint mit ihrer Politik der Brüskierung Israels (Durchbrechung der Gaza-Blockade etc.) an alte Träume einer Zentralmacht im Mittleren Osten anzuknüpfen, die allerdings wegen der disparaten Bündnispartner längerfristig nur geringe Aussicht auf Erfolg haben dürfte. Auch angesichts dieser außenpolitisch beunruhigenden Ausfallschritte Ankaras hält Polenz (2010, 90, 96) dessen strategische Partnerschaft mit Israel für nicht gefährdet, um so weniger, je mehr die EU der Türkei durch eine überzeugende Beitrittsperspektive ausreichenden Rückhalt bieten könnte.

188 Bacia (2010) zitiert dagegen in seinem Artikel den amerikanischen Orientalisten Bernard Lewis, der kürzlich die provokante Prognose aufgestellt habe, nach der es nicht unwahrscheinlich sei, dass am Ende des kommenden Jahrzehnts die Türkei der islamischen Republik des Iran ähneln würde, während dieser ein säkularisierter Staat geworden sei.

189 Vgl. Lau 2009, 757 f

190 Vgl. Schmidt, Thesen zu Afghanistan, Nr. 23

191 Siehe im 6. Kap. den Abschnitt „Institutionelle Phantasie"

192 (Respekt muss man inzwischen auch den von Anschlägen der Taliban unbeeindruckten afghanischen Wählern bezeugen.) Ross (2010

b) sieht deshalb den Zeitpunkt für gekommen, nachträglich selbst
Bush Jr. den Respekt nicht zu versagen – trotz des ungerechten
Kriegs gegen den Irak. Das „Contra" folgte in der
gleichen Zeitung eine Woche später. Ross' Kollege Ulrich Ladurner
verweigert seinen Respekt nach wie vor, weil ein Krieg mit Aber-
tausenden von Toten nicht die Einrichtung einer Demokratie rechtfertigen könne. Vgl. Die Zeit v. 18. 03. 2010

[193] Farzan 2010

[194] Angesichts mancher bereits erfolgter Hinrichtungen von Regime-
gegnern und der nicht abreißenden Strafprozesse gegen Anhänger
der „Grünen Bewegung" sind die Prognosen inzwischen vorsichtiger
geworden. Statt von ein bis zwei Jahren, wie Soroush, wird jetzt von
„vielleicht (.) drei", ja sogar von einem langen Marsch gesprochen,
den die Bewegung vor sich habe. Vgl. Najafi u. Wiedemann 2010

[195] Soroush 2010

[196] Nach Aussagen Soroushs (aaO) ist die Nuklearpolitik im Iran sehr
populär – quer durch die politischen Lager.

[197] Vgl. Lengsfeld 2009. Der Film „Die Grenze", der von der Fiktion
einer baldigen Abspaltung Mecklenburg-Vorpommerns vom Bundes-
gebiet und der Wiedererrichtung der Mauer ausgeht, dürfte in den
gleichen Zusammenhang gehören (zweiteiliger Fernsehfilm von Nico
Hoffmann, ausgestrahlt im Abendprogramm des deutschen Privat-
fernsehens (SAT 1) am 15. und 16. 03. 2010)

[198] Wer von den Westdeutschen würde in vergleichbarer Lage, frei nach
Harald Martenstein, nicht ebenso reagiert haben.

[199] Ein beredtes Beispiel für die Dialektik des Erfolgs: Bei der Diskussion darüber, ob die DDR ein Unrechtsstaat gewesen sei, machte ein
beherzter Brandenburger die so schlaue wie schelmische Bemerkung,
wie das mit dem Unrecht denn sein könne, da die DDR doch von
aller Welt völkerrechtlich anerkannt war.

[200] Bolz 2009

[201] Auch in seiner „Bilanz" sind sie rar. Im Gespräch über dieses Buch
mit dem Chefredakteur der Zeit, Giovanni di Lorenzo, hat Schmidt
auf Nachfrage folgende Erlebnisse genannt: die Straßenkämpfe zwischen Kommunisten und Nationalsozialisten in Hamburg, dann
die Nazizeit und den Krieg samt den „Verführungen, denen die
Masse der Deutschen damals erlegen ist"; danach die Bereitschaft
intelligenter Leute, dem aus der 68-er Bewegung hervorgegange-
nen Terrorismus insgeheim Beifall zu zollen. Auch die Angst vorm
Waldsterben und die Kriegsangst der Friedensbewegung zählt er
dazu, vgl. „Verstehen Sie das, Herr Schmidt", in, Zeit-Magazin Nr.
18 v. 29. 04. 2010. Man möchte dem charmanten Chefredakteur,
der die Deutschen gegen die Schmidtsche These der Verführung in
Schutz nimmt, am liebsten folgen, zumal er Schmidt an der richtigen
Stelle packt: ob dessen Prinzip der guten Nachbarschaft nicht für
ein so bedeutsames Land wie die Bundesrepublik etwas zu wenig sei.
Seine Belege für die Nicht-Verführbarkeit, zu denen nicht zuletzt der

fröhliche Sport-Patriotismus gehört, werden gern herangezogen, um vor falschem Alarm zu warnen. Letztlich läuft es auf eine Frage der Generation hinaus. Bereits die der 68-er denkt skeptischer als die di Lorenzos, die noch zu jung war, um ihr anzugehören. Vgl. als allerdings pointiertes Beispiel Aly 2008.

[202] Schmidt u. Stern, 50. Das Gespräch wurde *vor* der griechischen Währungskrise veröffentlicht. Sie hat reichlich neue Munition für Schmidts Verdacht geliefert. Die Großmannssucht, vor allem in bestimmten Medien, war so auffällig und penetrant, dass der Bundestagspräsident, Norbert Lammert, sich schriftlich dafür bei seinem griechischen Amtskollegen entschuldigte, was ihm wiederum den Tadel eintrug, überreagiert zu haben. Schließlich sei die deutsche Presse unabhängig. Deshalb hätte Lammert mögliche Übertreibungen zwar bedauern können, sich aber nicht dafür entschuldigen dürfen. Rainer Haubrich gab ihm dafür die schlechte Kopfnote 4, vgl. die WELT v. 10. 03. 2010. Erst langsam dämmerte den Beteiligten, dass sie zu weit gegangen waren. Als Schmidt die versammelte Schreiberzunft anässlich der Verleihung des Henri-Nannen-Preises des Krisengeschreis und der Panikmache zieh, spendete sie ihm stehend langanhaltenden Applaus – so Evelyn Roll (2010). Schmidt verschärfte sogar seine Schelte, z.B. an der Kampagne der Bild-Zeitung, mit den Worten: „Wenn das Mode würde in Deutschland, dass man nicht zu helfen braucht, dann müsste ich Angst haben um die Psyche des eigenen Volkes" (aaO). Doch genau diese Angst hat er längst. Er wird sie dort nur einmal mehr bestätigt gefunden haben. Im Gespräch mit Michael Naumann und Hartmut Palmer, das nach der Griechenland-Krise stattgefunden hat (Schmidt 2010 a, 50), spricht er vom „Berliner Hang zur wilhelminischen Großspurigkeit." Die meisten Medienleute sind Nachgeborene. Man fragt sich, ob da der alte Hefeteig wieder hochkommt, wofür Schmidts Einschätzung spräche, oder ob es ein neuer ist. Für letzteres spricht, dass die Kampagne einer Art Mobbing glich, diesmal gegen ein ganzes Land. Da es in der EU ist, fragte sich der zu medialem Ruhm gelangte griechische Gastwirt in Berlin, Kostas Papanastasiou, entrüstet, die Griechen seien doch keine wilden Tiere, die auf das Geld warteten – es seien doch Europäer! (Stern Heft 19/2010: „Warum wir Griechenland retten müssen.") Die verständliche Entrüstung des berühmten Berliner Griechen passt zur Analyse des Koreaners Han (2010, 25), der das inzwischen „pandemische(.) Ausmaß" des Mobbing mit der zunehmenden Zerstreuung des arbeitenden Subjekts in der Leistungsgesellschaft erklärt. Hans Beispiele sind unter anderem das Multitasking und Aktivitäten wie Computerspiele. Sie „erzeugen eine breite, aber flache Aufmerksamkeit, die der Wachheit eines wilden Tieres ähnlich ist." Die Sorge ums Überleben nähere das Zusammenleben der Menschen „immer mehr der freien Wildbahn an." Sollte Hans Analyse zutreffen, wäre das Verhalten der Deutschen in der Griechenlandkrise nur Vorbote weiterer Übersteigerungen.

203 Dem widerspricht Sebastian Haffner. Er behauptet, die große Mehrheit des Millionenheers der Arbeitslosen habe nicht in der Rüstungsproduktion, sondern in der zivilen Industrie Wiederbeschäftigung gefunden, Haffner 2006, 38

204 Schmidt u. Stern 53 f

205 Das Buch stürmte schon kurz nach der Veröffentlichung an die Spitze der Bestsellerlisten.

206 Vgl. die Darstellung der ganzen Affäre bei Wolfgang Wippermann, dem auch die für Eva Herman folgenschwere Information zu entnehmen ist, dass sich die Aktionsgruppe „Laut gegen Nazis", deren CD mit Texten von Erich Kästner sie zwei Jahre zuvor eingelesen hatte, inzwischen selber von ihr distanzierte. Vgl. Wippermann 2008, 23 f

207 Das mit den Wiederaufbauleistungen Ludwig Erhards nach dem Krieg verbundene „Wirtschaftswunder" habe es, so Haffner, als Wort damals noch nicht gegeben. Es passe aber viel besser auf das, was Mitte der dreißiger Jahre unter Hitler vor sich ging, der dafür von der Bevölkerung als ein Wundertäter angesehen worden sei. Haffner 2006, 34

208 AaO, 2 (Angaben zum Autor)

209 Jedenfalls außerhalb Düsseldorfs, das vielleicht auf eine besonders liberale Tradition zurückblicken kann.

210 Vgl. aus einer Fülle von Interpretationsversuchen Aly 2008, 7-25 und Fleischhauer 2009, 281-303

211 Der Zeithistoriker hat sich in seiner Zunft durch zahlreiche Veröffentlichungen über den Nationalsozialismus internationalen Ruf erworben. Seine Reputation steht außer Frage.

212 Vgl. die Talkshow von Johannes B. Kerner am 06. 09. 2007 im ZDF

213 In den Fernsehmedien hält man die Wissenschaftlichkeit einer Sendung gern schon dann für garantiert, wenn ein einziger Wissenschaftler engagiert wird. An Kontroversen, die erst bei Zweien beginnen können, ist nicht gedacht.

214 Haffner 2006, 40

215 Tönnies 2007, vgl. zur Kritik an ihr Wippermann 2008, 18

216 Haffner 2006, 44 f

217 Herman 2006[1], deutlicher in Herman 2008, 56-59 u.ö.

218 Dafür um so mehr im nicht-öffentlichen Bereich. Vgl. Wippermann 2008[1], 7-10, dem furchterregende Schmähschriften aus der „Mehrheit des Volkes" geschrieben wurden, meist in Form von mails, was ihn dazu bewogen hat, von „einem Historikerstreit der schweigenden Mehrheit" zu sprechen.

219 Herman 2006[1], 219 f

220 Eine spontane Befragung umherstehender Personen ergab, dass manche das Wort Anmut bzw. seinen weiblichen Artikel nicht mehr kannten und von „dem Anmut" sprachen. Siehe zuletzt Christiane Hoffmann über die tragische Geschichte von Grace Kelly, in der Bild-Zeitung v. 26. 06. 2010. Sie beschreibt sie als „gesegnet mit Intelligenz, Grazie und sagenhaftem Anmut."

[221] Beispielhaft Necla Kelek 2009, 46 f, die den Islam nicht für integrierbar hält. Sie fordert dagegen das Bekenntnis zu einem gemeinsamen europäischen Wertekonsens.

[222] Siehe den Schlüsseltext von Simone de Beauvoir (1976, 9), in dem die Autorin von der „détronisation" des Mythos der Weiblichkeit spricht.

[223] „Jeder Dritte steht an unserer Seite." Schwarzer 2007[1], 171

[224] Zur Belebung der Debatte wäre es dienlich, den an Simone de Beauvoir orientierten Entwurf einer existenzialistischen Selbstbestimmung mit Abraham Maslow's Gegenentwurf, der es ansatzweise bis in die Lehrbücher der Betriebswirtschaftslehre geschafft hat, zu konfrontieren. Sein amerikanischer Existenzialismus bezieht im Unterschied zum europäischen theistische Eigenschaften des Menschen mit ein. (Vgl. Maslow 1968, 12, 206; ähnlich Ders. 1991, 231) Über den Umweg von Maslow könnten dann auch Hermans Ansatz einer Selbstbestimmung ohne Egoismus (2006, 56-59) anregende Aspekte entnommen werden (vgl. die Ähnlichkeit ihrer Überlegungen mit denen des Amae-Prinzips von Doi 1982[1], siehe oben, 5. Kap.)

[225] So z.B. der angesehene Bürgermeister von Berlin-Neukölln, Heinz Buschkowsky, in einer seiner wöchentlichen Bild-Zeitung-Kolumnen, sowie im Stern-Interview (37/2010). Sicher verbindet er mit der Abkehr von Reinheit und Gehorsam das mehr als honorige Ziel einer Abwehr türkischer Ehrenmorde. Doch anstatt diese Werte den Mördern zu opfern, sollte man sie eher vor deren dumpfen Ehrbegriff, mit dem sie fälschlicherweise verknüpft werden, bewahren.

[226] Inzwischen mit Ablegern auch in der Bundesrepublik. Vgl. zu den Anfängen Grawert-May 1991, 102-14. Um Missverständnissen vorzubeugen: Niemandem soll auch nur ansatzweise irgendetwas verboten oder der Spaß verdorben werden. Es herrscht das Prinzip der Liberalität. Dazu gehört jedoch ebenso prinzipiell das Zulassen von Lebensarten, die den meisten als überholt gelten und die sie am liebsten abgeschafft wüssten. Diese Lebensarten sind unterdessen fast genauso verschwunden, wie viele Tier- und Pflanzenarten, nur dass sich so gut wie niemand darüber beklagt. In ihrer Hochblüte, zur Zeit der christlich motivierten Monarchien Europas, bildeten sie die wesentliche Grundlage des höfisch-höflichen Verhaltens. (Näheres zum Zusammenhang von jesuitischer Christologie und höfischem System bei Grawert-May 1992, 112-24) Religion und Höflichkeit gehen gern zusammen, auch im Islam. Das merkt man, wenn man etwa auf gut integrierte Türken trifft, die sich in Deutschland wohlfühlen. Sie sind in der Regel höflicher als man selbst.

[227] „Wehrmachtsverbrechen und die Männer des 20. Juli. Wider die Selbstgerechtigkeit der Nachgeborenen", in, Dönhoff 1997, 215 ff

[228] Mehr als ein „unwillig bezeugter Respekt" würde ihm nicht entgegengebracht. Fest 1994, 325

[229] Es ist durchaus nicht gewiss, ob nicht irgendwann auch Sophie Scholl die Verehrung versagt wird, wenn nach und nach durchsickert, dass sie anfangs eine glühende Verehrerin des Nationalsozialismus war.

Siehe dazu Sichtermann 2008 und Beuys 2010. Siehe auch den Vortrag des Historikers Michael Kißener zum Gedenken an den 20. Juli, gehalten am 19. 07. 2010 in der Berliner St. Matthäi-Kirche, in dem er kritisch auf die Relativierung des Widerstands der „Weißen Rose" im zeitgenössischen Geschichtsdenken hinwies.

[230] So schon Evans 2008, 646

[231] Evans 2009. Es scheint, dass Evans seinen Standpunkt gegenüber dem Band „The Third Reich at War" noch radikalisiert hat.

[232] Bohrer 2009b

[233] Ulrich 2009

[234] Münkler 2009[1], 292 ff, nimmt eine eher abwartende Position ein, da sich die Auswirkung der Wehrmachtausstellung auf die Beständigkeit des Mythos als Gründungsmythos des bundesrepublikanischen Staates in der Tat schwer abschätzen lässt. Zuletzt hat Christian Wulff – noch als Präsidentschaftskandidat – auf die ungebrochen fortwirkende Bedeutung des Attentats hingewiesen (vgl. seine Rede vom 14. 06. 2010 in einer Veranstaltung der Konrad Adenauer Stiftung in Hannover). Unter den Bürgern der Republik hat der Mythos indes nie eine prägende Kraft entfalten können.

[235] Enzensberger 2008, 109

[236] Siehe oben, 6. Kap., den Abschnitt „Institutionelle Phantasien"

[237] Vgl. Tetzlaff 2009, 819 f. Vielleicht war ja Bismarck auch kein Held, aber muss es aus den von den Schülern angegebenen Gründen sein?

[238] Dem mit Gewissheit folgenden Vorwurf, im Trüben zu fischen, sollte man gelassen entgegensehen.

[239] Vgl. Haffner 1982, 102 f

[240] Der Gotha: Genealogisches Handbuch des Adels

[241] Haffner 1982, 103

[242] Der oben (siehe Anm. 150) erwähnte Siemann (2010) versucht überzeugend, am Beispiel des inzwischen verpönten Fürsten Metternich diese Versöhnung zu leisten, indem er ihn vom Ruch des Freiheitsverächters und Kämpfers gegen nationale Bestrebungen befreit. Die Sicht auf einen Staatsmann, der in erster Linie die transnationale Karte spielte, um komplementäre Vielvölkerstaaten wie das Habsburger und das Osmanische Reich über die Zeit zu retten, werde heute, da wir in den ebenfalls transnationalen europäischen Raum hineinwüchsen, auf erhellende Weise wieder (oder erstmals) sichtbar.

[243] Sloterdijk 2009, 206 f

[244] AaO, 133 ff, 292, 313, 426

[245] Auch die hinreißend locker geschriebene Studie von Raulff 2009 kann mich den Armen der Gräfin nicht entreißen. Ein kurzer Artikel von ihr verhilft zu mehr Erkenntnis als die 544 Seiten über das Nachleben von Stefan George. Und zwar deshalb, weil der Autor im George-Kreis fast nur Gespenster ausmacht. Um ein Haar, und auch Graf Stauffenberg gehört dazu. Es ist eine Geistergeschichte, der selbst die Dönhoff nicht entkommt. Ihr Rettungsversuch wird konservativen Denkfiguren zugeordnet – eine Kritik, die indirekt

auch den Attentäter trifft (vgl. 420-27). Was daran auszusetzen ist, wird nicht recht klar, schon weil heute Konservatismus einerseits längst liberale Positionen besetzt hält (vgl. Kaube 2010) und anderseits, unter dem Aspekt beherzten Glaubens, beide Züge für sich geltend macht: den konservativen und den progressiven (vgl. Huber 2010). Die mit dem Sachbuchpreis 2010 der Leipziger Buchmesse ausgezeichnete Arbeit genügt höchsten Ansprüchen der Archivierung, leidet jedoch unter dem, was sie so verführerisch macht: unter der Lockerheit und dem Vorwitz des Preisträgers. In dem souveränen Rückblick auf die mikrohistorisch untersuchten Denkströmungen der Georgeanhänger kommt durchgängig die Haltung eines Spötters zum Ausdruck, der nirgends einen Halt findet. Der Verleger Landt (2010) nennt das Buch daher in seiner Rezension zwar lehrreich, doch „erkenntnisstumm". (In Raulffs Habilschrift von 1995 über den Historiker Marc Bloch, der ein paar Tage vor Stauffenberg als Résistance-Mitglied nördlich von Lyon erschossen wurde, ist dagegen die Verbindung von Erkenntnis und politischer Haltung noch nicht gekappt, vielleicht, weil es sich um einen Historiker handelt und nicht um einen Poeten oder dessen Kreis, siehe aaO, 229 f, 255 f, 265 ff und 420, dort wörtlich: „Soll die Historie nicht zum philisterhaften Bildungsdiskurs verkommen, muss sie sich in Ethik fortsetzen.") Selbst wenn es sich im George-Kreis um eine antimoderne Sekte „Deutschen Geistes" handelt (Bohrer 2010, vergleichbar Breuer 1996), hat ihr Sektenführer nicht nur so moderne Komponisten wie Schönberg, Berg und Webern inspiriert (später noch Michael Gielen), sondern ebenso moderne Offiziere wie Stauffenberg, mögen auch die Anteile an seinem Attentat, die auf Georges Poetik bzw. auf militärisches Räsonnement zurückgehen, nie sauber getrennt werden können. Es grenzt an Beckmesserei, hier zwischen Haltung und Entschluss zur Tat zu unterscheiden, nur um beweisen zu können, dass letzterer nicht mit Sicherheit georgeschen Ursprungs war (vgl. 527 f). Der Eindruck, hier habe sich ein begabter Archivar in den Bezirk der Poesie verirrt, ist so nicht gänzlich von der Hand zu weisen. Nur eine einzige der 118 Umdichtungen der „Fleurs du Mal" Baudelaires durch George hätte Raulff zu mehr Respekt ihm gegenüber veranlassen können. Sie sind poetischer als selbst das Original. – Für eine weniger witzige, dafür aber seriösere Form der Darstellung des George-Kreises (allerdings *mit* Meister) siehe Karlauf 2007[2].

[246] Dönhoff, Die Männer des 20. Juli, in, Dies. 2002, 169-172. Der Artikel wurde am 18. 07. 1946 in der Zeit veröffentlicht, ist aber für ihr Denken insgesamt typisch.

[247] Sie sollten allerdings möglichst sportlich fit sein (siehe 10. Kap.)

[248] „Wir kannten nicht sein unerhörtes Haupt / darin die Augenäpfel reiften. Aber / sein Torso glüht noch wie ein Kandelaber, / in dem sein Schauen, nur zurückgeschraubt, // sich hält und glänzt. Sonst könnte nicht der Bug / der Brust dich blenden, und im leisen Drehen / der Lenden könnte nicht ein Lächeln gehen / zu jener Mitte, die die

Zeugung trug. // Sonst stünde dieser Stein entstellt und kurz / unter der Schultern durchsichtigem Sturz / und flimmerte nicht so wie Raubtierfelle; // und bräche nicht aus allen seinen Rändern / aus wie ein Stern: denn da ist keine Stelle, / die dich nicht sieht. Du mußt dein Leben ändern."

[249] Sloterdijk 2009, 37-51

[250] Vgl. zur Sternmetaphorik Koch 2004, Art. „Schriften zu Kunst und Literatur", in, Engel (Hg.) 2004, 495

[251] Sloterdijk 2009, 45 f, 52-68

[252] Siehe den Vers „O Leben, Leben, wunderliche Zeit, / von Widerspruch zu Widerspruche reichend, / im Gange oft so schlecht, so schwer, so schleichend / und dann auf einmal, / mit unsäglich weit entspannten Flügeln einem Engel gleichend, / o unerklärlichste, o Lebenszeit." Die Diskussion über die Religiosität Rilkes, ob sie christlich, antichristlich oder mehr diesseitsbezogen war, geht bis heute weiter, vgl. Brunkhorst, Art. „Bibel", in, Engel (Hg.) 2004, 37-43. Eine elegante Lösung des Problems bietet Blumenberg an (1988, 73), wo er von Rilkes „christlich verbalisierte(m) Paganismus" spricht.

[253] Er ginge selbst für Nietzsche nicht auf. Hätte er öfter die Gelegenheit gehabt, Bachs Matthäus-Passion zu hören, sagte er einmal, wäre ihm vielleicht das christliche Evangelium durchaus ans Herz gewachsen. Vgl. dagg. Blumenberg (aaO, 69f), der die Hypothese einer möglichen Nähe Nietzsches zum Evangelium verneint. (Aber immerhin hat Nietzsche die Passion beim ersten Hören nicht gleich auf seinen Fluchtpunkt Wagner bezogen, vgl. aaO, 69)

[254] Vgl. Stephan Maus' Interview mit ihm in, Stern, Heft 2/2010

[255] Es fehlen in seinem Arsenal nur noch Socken, die weiß sind – kurz genug, dass man die Beine sieht, sind sie bereits.

[256] „Verschrieener Poet" = „Poète maudit", vgl. Kaplan (2005, 89 f), der Baudelaire gegen Medisancen verteidigt, indem er auf dessen „ethische Ironie" abhebt.

[257] Vgl. Baudelaire 1976: Le Dandy, 709, der von einer „institution vague" bzw. „hors des lois" spricht, und Westerwelle 2009, 888-96, hier 896

[258] Im Original „tous riches de force native", Baudelaire 1976, 711. Vgl. Gnüg 1988, 12

[259] Vgl. Baudelaire 1976, der auch den Nützlichkeitsaspekt der ehelichen Pflichten in der Liebe verachtet (710) und vom Dandy als einem „Herkules ohne Beschäftigung" spricht (712). Vgl. dazu Westerwelle (2009, 895 f), die außerdem mit Blick auf die Reflektionen Baudelaires über Flauberts „Madame Bovary" fast spitzbübisch darauf verweist, dass Dandies durchaus weiblichen Geschlechts sein konnten.

[260] Auch „despotisme de la majorité" genannt, Tocqueville 1968, 147 u.ö.

[261] Die grausame Verfolgung der Hugenotten unter Ludwig XIV. nach der Aufhebung des Edikts von Nantes sei davon ausgenommen.

262 Wie, um ihm zu sekundieren, brachte der Engländer 1859, im Todesjahr seines französischen Freundes, das Buch „On Liberty" heraus, das den Hauptgedanken der mit der „collective opinion" einhergehenden Bedrohung aufgriff und auf das in Massendemokratien bedrängte Individuum konzentrierte, Mill 1948

263 Zwar kennt auch Montesquieu einen demokratischen „despotisme de tous", aber er ist anders gelagert und verliert sich in seiner Kritik an der Monarchie, vgl. L'Esprit des lois, Buch VIII, Kap. VII, zit. bei Grosrichard 1979, 60

264 Grosrichard, 24-67, hier 34 f

265 Noch jede Befragung von Studenten, um nur diese zu nennen, wird das gleiche Bild ergeben.

266 Tocqueville 1968, 82 f

267 Schande über uns, dass wir denen, die den Gefängnissen mit Müh und Not entkommen sind, anfangs kein Asyl gewährten, siehe den Art. von Jörg Lau „Nur warme Worte", in, Die Zeit v. 29. 04. 2010. Inzwischen haben wir uns einiger Gefangener erbarmt. Von den 4000 in die Türkei entflohenen Iranern wollte die Bundesrepublik zuerst nur 20 aufnehmen. Inzwischen hat sie sich zur Aufnahme von 50 bereiterklärt, siehe den Art. von Vera Gaserow 2010

268 Inzwischen ist ein dritter Couragierter hinzugekommen. Er heißt Timo Kröger, siehe Anm. 275. Nicht zu vergessen ein vierter, Walter Petker, der eine Schlägerei unter Dreizehnjährigen beendete und dafür fast bestraft worden wäre, siehe Wieschowski 2010

269 Ich folge dem überzeugenden Artikel von Lau 2009, 753 ff

270 Siehe „Was tun, wenn ich Zeuge einer Gewalttat werde?" Ratschläge der Polizeilichen Kriminalpräventionsstelle des Bundes und der Länder, in der Bild-Zeitung v. 18. 02. 2010 und Lau 2009, 753 f

271 Siehe die gelungene Gegendemonstration zum Aufmarsch der Nationalsozialisten in Berlin Mitte am 1. Mai 2010 in, Der Tagesspiegel v. 03. 05. 2010

272 Im Jugendjargon heißt das „stiefeln" und „kicken", als handelte es sich tatsächlich um einen Ball und nicht um den Kopf eines Menschen, siehe Denso u. Wefing 2010. Kirsten Heisig (2010, 12) führt das Beispiel eines an einen Baum gebundenen Hundes an, der das amüsierte Kicken von Jugendlichen gegen seinen Kopf – diesmal *mit* Fußball – nicht überlebte.

273 So der Profiler Hans-Dieter Schwind in der Bild-Zeitung v. 18. 02. 2010. Dazu passt die Grund- und Anlasslosigkeit jugendlicher Gewalt, die viel zur schleichenden Brutalisierung unserer Gesellschaft beiträgt (Denso u. Wefing 2010, Heisig 2010, 19, 21 u.ö.).

274 Zur Standardausrüstung Heisig, aaO, 162

275 In der Beschreibung eines wiederum äußerst bestürzenden Falls des Helfers Timo Kröger Ende 2009 (also drei Monate nach dem Dominik Brunners), der aufgrund günstiger Umstände *nicht* tödlich ausging, zitiert Barbara Hardinghaus (2010) den Sozialpsychologen Hans-Werner Bierhoff von der Ruhr-Universität Bochum. Seine For-

schung zur Zivilcourage, vor allem darüber, wer sie nicht zeigt, hätten ergeben, dass „Frauen praktisch nie (helfen)." Doch 60-70 Prozent derjenigen, die eine gefährliche Situation erleben, tun es ebensowenig.

276 Vgl. die Bild-Zeitung v. 18. 02. 2010

277 AaO

278 In speziellen Kursen „Gewalt – Sehen – Helfen" wird deshalb empfohlen, sich als Umstehender ausschließlich an die Opfer und gar nicht an die Täter zu wenden, um denen die Regie aus der Hand zu nehmen, siehe Iskandar 2010

279 Vgl. Lau 2009, 756

280 Auch der Autor

281 Siehe die letzte Anm.

282 „Die Angst fährt immer mit", hört man nicht selten von Nutzern des Öffentlichen Nahverkehrs. Deshalb muss man noch nicht von einer angstvollen Gesellschaft sprechen. Siehe den Standpunkt des Bundesinnenministers, Thomas de Maizière, der sich in der ARD-Sendung „Hart aber fair" v. 15. 09. 2010 gegen eine solche Bezeichnung verwahrte. Das Ausmaß der Angst bekommt jedoch nur derjenige mit, der die öffentlichen Verkehrsmittel benutzt. – Man sollte im übrigen jedem, der Courage gezeigt hat, neben dem Bundesverdienstkreuz eine Tapferkeitsmedaille verleihen, derjenigen analog, die die Soldaten in Afghanistan bekommen.

283 Unterdessen wurde der Heroismus Brunners von manchen Medien in Zweifel gezogen, weil er durch seinen von verschiedenen Zeugen verbürgten ersten Faustschlag statt zur Deeskalation zur Aufschaukelung der Situation beigetragen habe. Gisela Friedrichsen (2010 b) z. B. sieht – stellvertretend für Journalisten anderer Zeitungen, die in die gleiche Kerbe hauen – das Ansehen eines Verstorbenen nicht geschmälert, „wenn man bei der Wahrheit bleibt." Sie verwechselt dabei das, was lediglich Fakten sind, mit einem fast erhabenen Begriff. Zu den Fakten gehört nicht nur der erste Faustschlag Brunners, sondern auch, dass die beiden Jugendlichen, die ihn töteten, nach eigenen Aussagen von vorneherein auf Streit aus waren (vgl. Denso u. Wefing 2010). Es gibt nicht wenige Fälle, in denen die Lust an der Gewalt das Weitermachen geradezu erzwang, siehe den Abschnitt „Klatschen gehen?" in, Heisig 2010, 21-27. Daraus ergibt sich eine ganz andere „Wahrheit" als die, die Friedrichsen für sich in Anspruch nahm. Die Bereitschaft mancher Medien, Brunner wieder vom Sockel zu stürzen, kaum, dass er darauf Platz genommen hatte, dürfte zum verbreiteten antiheroischen Affekt gehören. Da freut man sich, dass sich die Bild-Zeitung dem Sockelsturz entgegenstemmte, vorneweg Franz Josef Wagner (siehe Post von Wagner v. 20. 07. 2010); ähnlich, nur aus einem anderen Blickwinkel, Michael Watzke (2010) in seinem Kommentar für den Deutschlandfunk.

284 Jedem Interessierten sei in dem Zusammenhang empfohlen, sich den Hamlet-Monolog „Sein oder Nicht-Sein" von Gustaf Gründgens anzuhören – mit der Verszeile „So macht Gewissen Feige aus

uns allen". Die Inszenierung von 1936 im Schauspielhaus am Gendarmenmarkt hat seinerzeit dem Zuschauer Marcel Reich-Ranicki jenes Gefühl von Asyl gegeben, das viele Besucher von Gründgens-Aufführungen mit ihm teilten (Reich-Ranicki 2006[3], 123 ff; vgl. auch Grawert-May 1981, 145-74). Kurz bevor Gründgens das Wort „Feige" ausspricht, macht er eine kurze Pause, um es danach kunstvoll hinauszuposaunen. Es geht einem durch Mark und Bein und dürfte wohl eine couragierte, artistisch camouflierte Kritik am NS-Regime gewesen sein. Heute lohnt sich das Hören wieder, um bei sich selbst ein Antidot gegen die eigene Verzagtheit zu entwickeln. Vgl. Gründgens o.J., CD Nr.18 (die Aufnahme stammt von einer Aufführung aus dem Jahr 1938). Natürlich genügt auch wiederholtes Hören kaum, wenn es nicht durch ein kontinuierliches Courage-Training untermauert wird. Es fehlt bislang eine Institution, die es zur flächendeckenden Aufgabe machen würde. Hier brauchte es genauso viel institutionelle Phantasie wie im außenpolitischen Bereich (siehe 6. Kap.) In der Debatte um das Buch Sarrazins „Deutschland schafft sich ab" wurde darauf hingewiesen, dass eine „Beauftragte der Bundesregierung für Integration" nicht ausreiche. Es wäre zu überlegen, ob man nicht, bevor man nichts Besseres im Auge hat, analog zu Nordrhein-Westfalen, ein „Bundesministerium für Integration" ins Leben ruft, um der Dimension der Aufgabe gerecht zu werden; so auch Blome (2010), mit dem klugen Zusatz, das Ministerium von einem Minister mit ausländischen Wurzeln leiten zu lassen. Der Widerstand der Kanzlerin gegen eine solche Großinstitution wird sich voraussichtlich nicht lange halten lassen.

[285] Reinhold Baier, der Vorsitzende des Landgerichts München I, vor dessen Jugendkammer der Fall Brunner verhandelt wurde, ist der Version gefolgt, Brunner habe mit seinem präventiven Faustschlag aus Notwehr gehandelt. Die beiden Täter wurden deshalb von ihm zu harten Strafen verurteilt. Noch vor der Urteilsverkündung machte Gisela Friedrichsen in einem weiteren Artikel über den Fall (2010 a) noch einmal deutlich, das Gewaltmonopol liege „beim Staat, nicht aber beim einzelnen Bürger, der ein paar unverschämten Halbstarken eine Lektion erteilen will, weil sie sich von ihm nichts sagen lassen." Dazu wäre erstens zu bemerken, dass die Zivilcourage dann eingreifen muss, wenn der Staat mit seinem Gewaltmonopol zu spät kommt – daher der Gedanke der Prävention – und zweitens, dass der „Halbstarke" früherer Tage ein, soziologisch gesehen, geradezu harmloser Fall gegen den Typus des jugendlichen Gewalttäters von heute ist.

LITERATUR

ALY, Götz 2008: Unser Kampf. 1968 – ein irritierter Blick zurück, Frankfurt a. M.

ACKERMANN, Ulrike (Hg.) 2009: Freiheit in der Krise? Der Wert der wirtschaftlichen, politischen und individuellen Freiheit, Frankfurt a. M.

ARMSTRONG, Karen 2010: Zu wem beten die da? In, Die Zeit v. 24. 06

AUSTER, Paul 2010: Amerika ist blockiert, in, Cicero, Heft 7, 100–103

BACIA, Horst 2010: Dem Westen entfremdet, in, Frankfurter Allgemeine Zeitung v. 20. 06.

BAUDELAIRE, Charles 1976: Oeuvres Complêtes, Bd. 2, Paris

BEAUVOIR, Simone de 1976: Le deuxième sexe, Bd. 2, L'expérience vécue, Paris, édition renouvelée

BECKER, Helmut 2006: Phänomen Toyota. Erfolgsfaktor Ethik, Berlin – Heidelberg – New York

BENDER, Justus 2010: Feierabend für Frau Kishimoto, in, Die Zeit v. 02. 06.

BEUYS, Barbara 2010: Sophie Scholl. Biographie, München

BEYER, Susanne 2010: Leben im Stand-by-Modus, in, Der Spiegel, Heft 29

BLOME, Nikolaus 2010: Was von Sarrazin hoffentlich bleibt, in, Bild-Zeitung v. 11. 09.

BLUMENBERG, Hans 1988: Matthäuspassion, Frankfurt a. M.

BOHRER, Karl Heinz 2010: „Deutscher Geist" als Sekte. Ulrich Raulff erzählt das Nachleben Stefan Georges, in, Merkur, Heft 2, 152–57
 – 2009a: Das Tragische. Erscheinung, Pathos, Klage, München
 – 2009b: Die Entlarvung des 20. Juli, in, Süddeutsche Zeitung v. 30. 01.

BOLZ, Norbert 2009: Der antiheroische Affekt, in, Merkur, Heft 9/10, 762–771

BREUER, Stefan 1996: Ästhetischer Fundamentalismus. Stefan George und der deutsche Antimodernismus, Darmstadt

BROWN, John S. 1998: Kreative Paranoia, Interview, in, Wirtschaftswoche, Heft v. 31. 07.

BRUNKHORST, Katja 2004: Art. Bibel, in, Engel (Hg.) 2004, 37–43

BUSCHKOWSKY, Heinz 2010: Interview zum Buch von Thilo Sarrazin, in, Stern, Heft 37

CIORAN, Emile Michel 2010: Über Frankreich, a. d. Rumän. v. Ferdinand Leopold, Berlin

COULMAS, Florian 2002³: Die Deutschen schreien. Beobachtungen von einem, der aus dem Land des Lächelns kam, Reinbek bei Hamburg

DENSO, Christian u. WEFING, Heinrich 2010: Aus heiterem Himmel, in, Die Zeit v. 11. 02.

DÖNHOFF, Marion Gräfin 2002: Was mir wichtig war. Letzte Aufzeichnungen und Gespräche, Berlin

– 1997: Zivilisiert den Kapitalismus. Grenzen der Freiheit, Stuttgart

DOI, Takeo 1982[1]: Amae. Freiheit in Geborgenheit. Zur Struktur japanischer Psyche, m. e. Vorwort v. Elmar Holenstein, a. d. Amerikan. v. Helga Herborth, Frankfurt a. M.

ENGEL, Manfred 2004: Rilke-Handbuch. Leben-Werk-Wirkung, u. Mitarb. v. Dorothea Lauterbach, Weimar

ENZENSBERGER, Hans Magnus 2008: Hammerstein oder der Eigensinn. Eine deutsche Geschichte, Frankfurt a. M.

EVANS, Richard J. 2009: Sein wahres Gesicht, in, Süddeutsche Zeitung-Magazin, Heft 4 v. 23. 01.

– 2008: The Third Reich at War. 1939–1945, London

FARZAN, Saba 2010: Schluss mit dem Dialog! In, Die Zeit v. 04. 03.

FEST, Joachim 1994: Staatsstreich. Der lange Weg zum 20. Juli, Berlin

FLEISCHHAUER, Jan 2009[2]: Unter Linken. Von einem, der aus Versehen konservativ wurde, Reinbek bei Hamburg

FREUD, Siegmund 1972[4]: Die Abwehr-Neuropsychosen. Versuch einer psychologischen Theorie der akqurierten Hysterie, vieler Phobien und Zwangsvorstellungen und gewisser halluzinatorischer Psychosen, in, Gesammelte Werke, Bd. 2, Werke aus den Jahren 1892–1899, 57–74

FRIEDRICHSEN, Gisela 2010 a: „Nein, das macht ihr nicht!" In, Der Spiegel, Heft 35

– 2010 b: Der „erste Angriff"?, in, Der Spiegel, Heft 29

FUKUYAMA, Francis 2006: Scheitert Amerika? Supermacht am Scheideweg, a. d. Amerikan. v. Udo Rennert, Berlin (Original: America at the Crossroads, New York 2006)

– 1995 a: Trust. The Social Virtues and the Creation of Prosperity, New York

– 1995 b: Konfuzius und Marktwirtschaft. Der Konflikt der Kulturen, a. d. Amerikan. v. Karlheinz Dürr, Ute Mihr u. Thomas Pfeiffer, München

GASEROW, Vera 2010: 3 von 50 von 4000, in, Die Zeit v. 02. 09.

GNÜG, Hiltrud 1988: Kult der Kälte. Der klassische Dandy im Spiegel der Weltliteratur, Stuttgart

GRAWERT-MAY, Erik v. 2008: Inside Intel, in, Wissenschaftliche Beiträge der Fachhochschule Lausitz, VII. Ausgabe, Senftenberg, 42–49

– 1998: Positive Paranoia – Selbstführung zwischen Spaß und Ernst, in, Neue Rundschau, Heft 4, 40–60

– 1992: Die Sucht, mit sich identisch zu sein, Hamburg

– 1991: Lob der Prüderie. Die Erlösung von der Sexualität, München

– 1981: Theatrum Eroticum. Ein Plädoyer für den Verrat an der Liebe, Tübingen

GROSRICHARD, Alain 1979: Structure du Sérail. La fiction du despotisme asiatique dans l'occident classique, Paris

GROVE, Andrew S. 1999: Nur die Paranoiden überleben. Strategische Wendepunkte vorzeitig erkennen, a. d. Amerikan. v. Jürgen Ulrich Lorenz, München

– 1996: Only The Paranoid Survive. How to Exploit The Crisis Points
  That Challenge Every Company and Career, New York
GRÜNDGENS, Gustaf o.J.: Das Schallplattenarchiv, 20 CD's
HAFFNER, Sebastian 2006[26]: Anmerkungen zu Hitler, Frankfurt a. M.
– 1982: Zur Zeitgeschichte. 36 Essays, München
– 1982: Was war der 20.Juli? In, Haffner 1982, 102–106
HAMMER, Michael u. CHAMPY, James 2003: Reengineering The
  Corporation. A Manifesto for Business Revolution, New York
HAN, Byung-Chul 2010: Müdigkeitsgesellschaft, Berlin
HARDINGHAUS, Barbara 2010: Eine Nacht in Linie 17, in, Der
  Spiegel, Heft 36
HARPPRECHT, Klaus 1993: Japan. Fremder Schatten, ferner Spiegel,
  Köln
HEISIG, Kirsten 2010: Das Ende der Geduld. Konsequent gegen
  jugendliche Gewalttäter, Freiburg i. B. – Basel – Wien
HERMAN, Eva 2008: Das Überlebensprinzip. Warum wir die
  Schöpfung nicht täuschen können. Eva Herman im Gespräch mit
  Friedrich Hänssler, Holzgerlingen
– 2006[1]: Das Eva-Prinzip. Für eine neue Weiblichkeit, u. Mitarb. v.
  Christine Eichel, München – Zürich
HUBER, Wolfgang 2010: Vernunft des Glaubens, in, Cicero, Heft 7, 62 f
ISKANDAR, Katharina 2010: Gegen die Furcht, ein guter Mensch zu
  sein, in, Frankfurter Allgemeine Zeitung v. 07. 09.
JAPAN BUSINESS 2005: Verhandeln mit Japanern: Amae – das Öl des
  Lebens, Heft 3, 6–8
JOFFE, Josef 2010: Der Sog des Ostens. Die Türkei kehrt sich von ihren
  alten Verbündeten in Amerika und Europa ab, in. Die Zeit v. 24. 06.
JONI, Saj-nicole A. u. BEYER, Damon 2009: How to Pick a Good
  Fight, in, Harvard Business Review, Heft 12, 48–57
KAGAN, Robert 2008[1]: Die Demokratie und ihre Feinde. Wer gestaltet
  die Neue Weltordnung? A. d. Amerikan. v. Thorsten Schmidt,
  München (Original: The Return of History and the End of Dreams,
  New York 2008)
– 2003: Macht und Ohnmacht. Amerika und Europa in der Neuen
  Weltordnung, a. d. Engl. v. Thorsten Schmidt, Berlin (Original: Of
  Paradise and Power. America and Europe in the New World Order,
  New York 2003)
KAPLAN, Edward K. 2005: Art. Baudelairean Ethics, in, Lloyd 2005,
  87–100
KARLAUF, Thomas 2007[2]: Stefan George. Die Entdeckung des
  Charisma. Biographie, München
KAUBE, Jürgen 2010: Sehnsucht nach vorgestern, in Cicero, Heft 7,
  56–60
KELEK, Necla 2009: Freiheit und Verantwortung, in, Ackermann
  2009, 39–49
KOCH, Manfred 2004: Art. Schriften zu Kunst und Literatur, in, Engel
  (Hg.) 2004, 480–497

KONFUZIUS 1964: Die Weisheit des Konfuzius, a. d. chines. Urtext neu übertr. u. eingel. v. Hans O.H. Stange, Frankfurt a. M.

KRAMER, Roderick M. 1996: Divergent Realities and Convergent Disappointments in the Hierarchic Relation – Trust and the Intuitive Auditor at Work, in, KRAMER/TYLER (Hg.) 1996, Trust in Organizations – Frontiers of Theory and Research, Thousand Oaks – London – New Delhi, 216–245

KRELL, Gertraude 1994: Vergemeinschaftende Personalpolitik, München

LANDT, Andreas Krause 2010: Kämpfen um das wahre Bild, Rezension d. Buches v. Raulff 2009, in, Lesart, Sendung des Deutschlandradio Kultur v. 28. 02.

LAU, Jörg 2009: Pathos des Eigensinns. Zivilcourage und Heldentum, in, Merkur, Heft 9/10, 753–61

LENGSFELD, Vera 2009: Warum wir mehr Freiheit statt mehr Gerechtigkeit brauchen, in, Ackermann (Hg.) 2009, 63–73

LEWITSCHAROFF, Sibylle 2009: Der Dichter als Kind. Ein Essay, Marbach a. N.

LLOYD, Rosemary (Hg.) 2005: The Cambridge Companion to Baudelaire, Cambridge (UK)

LÜTZ, Manfred 2009[4]: Irre! Wir behandeln die Falschen. Unser Problem sind die Normalen, München

MARTIN, Roger 2010: The Age of Customer Capitalism, in, Harvard Business Review, Heft 1/2, 58–65

MASLOW, Abraham A. 1991: Motivation und Persönlichkeit, a. d. Amerikan. v. Paul Kruntorad, Reinbek bei Hamburg (Original: Motivation and Personality, New York 1954)
 – 1968[2]: Toward a Psychology of Being, New York

MAYER-KUCKUK, Finn 2007: Ticken im Toyota-Takt, in, Handelsblatt v. 09. 05.

MERKUR 2009: Heldengedenken. Über das heroische Phantasma, Heft 9/10

MILL, John Stuart 1948: On Liberty and Considerations on Representative Government (Original: 1859), hg. v. R.B. McCallum, Oxford

MÜNKLER, Herfried 2009[1]: Die Deutschen und ihre Mythen, Berlin

NAJAFI, Shahram u. WIEDEMANN, Charlotte 2010: Beten für Grün, in, Die Zeit v. 10. 06.

NEUMANN, Christoph 2004[8]: Darum nerven Japaner. Der ungeschminkte Wahnsinn des japanischen Alltags, Frankfurt a. M.

OHNO, Taiichi 1993: Das Toyota-Produktionssystem, deutsche Übers. v. Wilfried Hof, m. e. Geleitw. v. Eberhard C. Stotko, Frankfurt a. M. – New York
 – 1988: The Toyota Production System: Beyond Large-Scale Production. Foreword by Norman Bodek, New York
 – 1978: Toyota Seisan hōshiki, Tokyo

OSTEN, Manfred 2003: „Alles veloziferisch" oder Goethes Entdeckung der Langsamkeit. Zur Modernität eines Klassikers im 21. Jahrhundert, Frankfurt a. M. – Leipzig

POLENZ, Ruprecht 2010: Besser für beide. Die Türkei gehört in die EU, Hamburg

RANDOW, Gero v. 2010: Fremde Nachbarn, in, Die Zeit v. 17. 06

RANKE-GRAVES, Robert v. 2008: Griechische Mythologie. Quellen und Deutung. Autorisierte deutsche Übers. v. Hugo Seinfeld u. Mitw. v. Boris v. Borresholm nach der im Jahre 1955 erschienenen amerikan. Penguin-Ausgabe, Köln

RAULFF, Ulrich 2009: Kreis ohne Meister. Stefan Georges Nachleben, München

– 1995: Ein Historiker im 20. Jahrhundert: Marc Bloch, Frankfurt a. M.

REICH-RANICKI, Marcel 2006[3]: Mein Leben, München

ROLL, Evelyn 2010: More about Schmidt, in, Süddeutsche Zeitung v. 11. 05.

ROSS, Jan 2010 a: Willkommen, ihr Götter! Plädoyer für ein Europa der Religionen, in, Die Zeit v. 05. 08.

– 2010 b: Hatte George W. Bush doch recht? In, Die Zeit v. 11. 03.

– 2009: Wir hatten einen Traum, in, Die Zeit v. 30. 12.

RUDZIO, Wolfgang 2006[7]: Das politische System der Bundesrepublik Deutschland, Wiesbaden, 7. aktualis. u. erw. Aufl.

SCHIRRMACHER, Frank 2009[2]: Payback. Warum wir im Informationszeitalter gezwungen sind zu tun, was wir nicht tun wollen, und wie wir die Kontrolle über unser Denken zurückgewinnen, München

SCHMIDT, Helmut 2010 a: Politik zum Schieflachen. Ein Gespräch mit Helmut Schmidt, in, Cicero, Juli-Heft, 50–54

– 2010 b: Thesen zu Afghanistan, vorgestellt am 25. 01. 2010 im SPD-Parteivorstand in Berlin, abgedruckt in, Die Zeit v. 28. 01.

– 2008[1]: Außer Dienst. Eine Bilanz, München

– u. STERN, Fritz 2010: Unser Jahrhundert. Ein Gespräch, München

SCHNEIDER, Wolf 2010[1]: Deutsch für junge Profis. Wie man gut und lebendig schreibt, Berlin

– 2008[1]: Speak German! Warum Deutsch manchmal besser ist, Reinbek bei Hamburg

SCHULTKA, Franziska 2006: Der Weg der Beschwerde – Vom unzufriedenen Kunden zum Stammkunden, Senftenberg (unveröfftl. Dipl.arb. der Hochschule Lausitz (FH))

SCHWARZER, Alice 2007[1]: Die Antwort, Köln

SICHTERMANN, Barbara 2008: Wer war Sophie Scholl? Berlin

SIEMANN, Wolfram 2010: Metternich. Staatsmann zwischen Restauration und Moderne, München

SLOTERDIJK, Peter 2009: Du musst dein Leben ändern. Über Anthropotechnik, Frankfurt a. M.

SOROUSH, Abdelkarim 2010: Wir sind ungebrochen, Interview m. Ulrich Ladurner u. Jan Ross, in, Die Zeit v. 18. 02

STAUSS, Bernd u. SEIDEL, Wolfgang 1998[2]: Beschwerdemanagement. Fehler vermeiden – Leistung verbessern – Kunden binden, München – Wien, 2. überarb. Aufl.

STEINGART, Gabor 2010: Der unmögliche Konzern, in, Der Spiegel, Heft 9

TETZLAFF, Sven 2009: Wie Jugendliche heute Helden sehen. Über den Geschichtswettbewerb des Bundespräsidenten, in, Merkur 2009, 813–820

THUROW, Lester 1999: Das ist kein echter Wohlstand, Interview, in, Stern, Heft 40

TOCQUEVILLE, Alexis de 1968 : De la Démocratie en Amérique (Original 1835–40), hg. v. J.-P. Mayer, Paris

TÖNNIES, Sibylle 2007: Eine Last, die keiner sieht, in, Frankfurter Allgemeine Sonntagszeitung v. 30. 09.

ULRICH, Peter 2010: Republikanischer Liberalismus, in, Merkur, Heft 1, 68–73

ULRICH, Volker 2009: Bis zuletzt, mit allen Mitteln, in, Die Zeit v. 10. 12.

VAHLEFELD, Hans Wilhelm 1992: Japan: Herausforderung ohne Ende, Stuttgart

WATZKE, Michael 2010: Die Wirklichkeit ist selten einfach. Kommentar im Deutschlandfunk v. 13. 07.

WEIZSÄCKER, Richard v. 1985: Zum 40. Jahrestag der Beendigung des Krieges in Europa und der nationalsozialistischen Gewaltherrschaft. Ansprache am 8. Mai 1985 in der Gedenkstunde im Plenarsaal des Deutschen Bundestages, hg. v. d. Bundeszentrale für politische Bildung, Bonn

WESTERWELLE, Karin 2009: Der Dandy als Held, in, Merkur 2009, 888–96

WIESCHOWSKI, Sebastian 2010: Bist du ein kleiner Pisser? In, Die Zeit v. 14. 01.

WIPPERMANN, Wolfgang 2008[1]: Autobahn zum Mutterkreuz . Historikerstreit der schweigenden Mehrheit, Berlin

WOMACK, James P. u. JONES, Daniel T. 1996: Lean Thinking. How to banish Waste and create Wealth in your Corporation, New York

WUNDERER, Rolf 2008[1]: >Der gestiefelte Kater< als Unternehmer. Lehren aus Management und Märchen, Wiesbaden

WYSLING, Hans (Hg.) 1990: Gottfried Keller. 1819–1890, München–Zürich

YAMASHIRO, Akira 1997: Japanische Managementlehre. A. d. Japan. v. Mitsuo Hayashi, u. Mitarb. v. Alexander Schmoldt u. Wolfgang Herbert, m. e. Geleitwort v. Hans-Günther Meissner, zweisprachige Ausgabe mit Transskription, München – Wien